10年つきあいたい

大人ワードローブ&
コーディネート

パーソナルスタイリスト
渋谷有紀 監修

JN220875

日本文芸社

Prologue

「すごく好き」を大切に、10年そばに置いておきたいアイテム選びを！

こんにちは。パーソナルスタイリストの渋谷有紀です。
パーソナルスタイリストサービス「cagibi」を開業して10年。
主に20代後半から40代の女性の「普段着る服」のコーディネートを提案しています。
ご依頼いただいた人の日常を大切に、
そのアイテムがトレンドだから提案するのではなく、
その人自身が毎日着たい、使いたいと思っていただけるアイテム、
コーディネートを提案することを心がけています。

そんな私が今回、監修をするにあたって、
私自身が10年つき合いたいと思えるアイテムってなにかを考えてみました。
まず、好きであること。これが一番大事だと思います。
すごく好きでずっとそばに置いておきたかったから大切に使い、
気づけば5年、10年というアイテムはたくさんあります。
そして高品質であること。いくら形がベーシックでも
10回着ただけで劣化していては10年も着られません。

あとはそのアイテムをもっていることで安心する、というのも大切なキーワードです。
ヘビーユースでなくても、ここぞのときにこれがあってよかった、
という安定感のあるアイテムは、自分の好きなスタイルを見つけるための
柱にもなってくれるはずです。

トレンドは短いスパンでぐるぐるとまわっているので
その変化すべてに対応するのは難しいし、疲れますよね。
そんなときに大好きなベーシックアイテムが手元にあると
「トレンド＝遊び」としてかわせる余裕が生まれ、
自分らしいコーディネートができるようになるはずです。
本書でベーシックアイテムの魅力を生かすための「工夫」となる部分を
感じ取っていただきながら、みなさまが10年つき合いたいと思える
コーディネートに出会えることを祈っています！

私が監修の
渋谷有紀です！

10年後までずっと輝く
私スタイルのつくりかた

今から着られて10年後も使えるアイテムを、パーソナルスタイリスト渋谷さん自身の私物をもとに教えてもらいました。年齢とともにどうやって着こなすかもポイントになるので、年代別のコーディネートも参考にしてください。

20代では
こう着ていました

ジーンズのカジュアルなイメージでそのまま着こなしたかった20代。ジーンズの裾をラフにロールアップしてくるぶしを見せて、サンダルが際立つように意識していました。

私のコーディネートを
支えるベーシックアイテム

フルカウントの
ストレートジーンズ

「17歳のときから
15年以上活躍してます！」

メンズのジーンズを女性用にそのまま小さくしたようなストレートジーンズ。目立つ装飾がないので流行に左右されずに長くはけます。17歳のときにノンウォッシュのジーンズを育てることに憧れていて、バイト代を貯めて購入しました！　糊のついたインディゴブルーが今ではリアルビンテージに。体型のバロメーターとしても役立っています。

40代になったら
こう着たい

Tシャツにシャツを重ね着したラフな着こなしも板についてくるのが40代。私も襟を立てたり軽く袖をロールアップしたりして、ジーンズを女性らしく着こなしたいなと思っています。小物の色を統一してすっきり見せるのもポイントですね。

30代の今は
こう着ています

ジーンズを工夫せずにはくと普段着っぽくなる30代は、「ジーンズ＝楽な服」という概念を捨てたいところ。合わせる小物をドレスアップしつつ、遊び心も忘れずに。ロールアップの幅も細めできちんと折り上げると上品な印象になります。

40代のコーディネートで使ったオメガの腕時計、実は私物ではないのですが、いつかフォーマルなスパイスを利かせるレディな時計がほしいなと思っています。

\ 洋服編 /

私が30代で買いたした 新・ベーシックアイテム

インコテックスのトラウザーズ

「老舗ブランドの上質なトラウザーズを」

インコテックスはイタリアの老舗パンツブランド。ずっと形のいいパンツに出会えずにいたので、クラスアップして購入してみたところ、生地が放つ上質感、美しいラインなど違いが明確！　脚が本当にきれいに見えるので、毎年買いたしたいアイテムです。下半身に悩んでいる人は、パンツに投資してみてください。

30代の今は こう着ています

白ニットに黒ブーツとミニマムなスタイリングなので、パテントレザーの個性的なバッグをプラスしてみました。シンプル一辺倒にならないように工夫をすると、自分らしいコーディネートができますよ！

パールのネックレスや白のミドルゲージニットで、さりげない女性らしさも忘れないでくださいね。ネックが詰まりすぎないものを選びましょう。

40代になったら
こう着たい

40代になったら、トラッドなアイテムもエレガントに着こなしたいです。淡いベビーピンクのニットやポインテッドトゥのパンプスを合わせてレディライクにコーディネート。ロングネックレスでスマートな印象になります。

30代の今は
こう着ています

品のいいグレー×ネイビーの色合わせ。大人のかわいらしさを取り入れたいときは、パフスリーブ、バレエシューズ、小粒パールなどのガーリーなアイテムを合わせています。バランスをとるために個性的なキルティングのバッグをプラス。

30代のコーディネートでは、スウェットやキルティングのショルダーバッグでカジュアルさをプラスしています。パンツが上質ならラフになりすぎず、ちょうどいい感じになります！

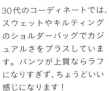

＼小物編／

私が30代で買いたした新・ベーシックアイテム

30代の今は
こう着ています

キャメルのストールを同系色のこげ茶のカーディガンに合わせた「なじませ」コーディネート。色をまとめたことにより、小物で使った青がスタイリングに効いてきます。

キャメルのカシミヤストール

「暗くなりがちな冬のコーデを明るく！」

防寒だけでなく、着こなしのアクセントにもなるストール。年齢とともに敏感肌になり、肌にあたりのいいソフトなカシミヤを手に取る回数が増えました。黒も愛用していますが、おすすめは冬のコーディネートを明るくしてくれるキャメル！　定番カラーのネイビーや白とも相性がいいので長く使えそうです。

キャメルは本当に青と相性がいいので小物に青を取り入れるとおしゃれに見えますよ。足元はレディな青のパンプスを新しくセレクトしてみました！

40代になったら
こう着たい

ローゲージニットのガウンにストールを羽織った大人のレイヤードスタイル。同系色ならすっきりまとまります。インしたデニムシャツがポイント。トップスがやや重いので、白のスカートやバッグで軽さを出すといいと思います。

30代の今は
こう着ています

白いワンピースにキャメルを効かせた、鉄板のエレガントな色合わせ。襟を立てた下にかけると大人っぽくまとまります。タイツと靴を茶系で合わせつつ、バッグはカーキで少しだけハズしを。白がキャンバスになっているのでできる色遊びです！

30代の今は
こう着ています

甘めのフレアスカートをハードなライダースで締める定番コーデです。ベースはモノトーンでまとめてマフラーとバッグに赤を。色数が少ないので、チェックやストライプの柄×柄もおしゃれに見えます。

私がこれから育てたい あこがれアイテム

ライダースジャケット

「カジュアルコーデの引き締めにお役立ち」

28歳のときに購入したのですが、似合わなくてたんすの肥やしに。30代も半ばになり着てみたら、似合うようになってきたようでカジュアルコーデの引き締めに愛用しています。羊革なので軽く、タイトに着られるけれど風を通さないので暖かい。上からベストやコートを重ね着できるので今後も重宝しそうです。

L.L. Beanのトートバッグやニューバランスのスニーカーで、甘辛の着こなしにスパイスを効かせました。

40代になったら
こう着たい

ペールトーンのピンク、白、ベージュピンクでまとめたコンサバティブなコーディネートにライダースジャケットでハードさをプラスしました。どんな着こなしにも意外とハマるので、気軽に羽織ってみるといいと思います。

40代になったら
こう着たい

ライダースジャケットのタイトなシルエットを生かして、ファーベストを重ね着した上級コーデです。ライダースとボトムスの色をそろえてベストを違う色にすれば、失敗が少ないはず。ベストのかわりにトレンチコートやストールを羽織ってもいいと思います。

Contents

Lesson 2 これからほしいワードローブ

Lesson 3 これからほしい小物選び

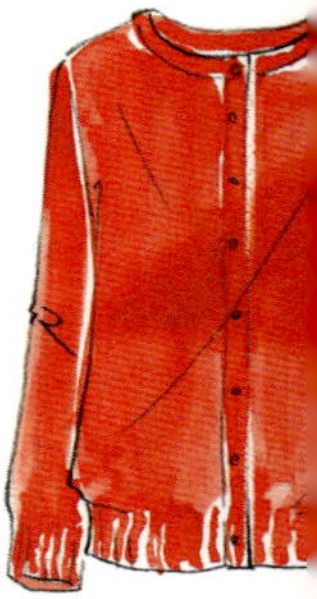

Lesson 4 育てて愛する 憧れクロゼット

Lesson

1

ホントにデキる
ベーシッククロゼット

トレンドに振りまわされず、
自分らしいスタイルを見つけたいと思う人へ。
まずはその軸となる、ホントにデキる
６つのベーシッククロゼットを紹介します。

これから必要なのは
ホントにデキる
10年選手のアイテム

**流行ばかり追い続けるのは卒業して、
上質なものと長くつき合うスタイルにシフト！
10年着続けられるベーシックアイテムこそが
大人のおしゃれの軸になります。**

**10年おしゃれを楽しむなら
上質なものを買わなきゃ損！**

パッと見たときに「雰囲気あるなぁ」と感じる人がいると思います。この「おしゃれな雰囲気」は、ただ流行のデザインを身につけているからというわけではなく、縫製、素材、パターンといった、服の仕立てのよさにもこだわって選ぶことで醸し出されるといえるでしょう。

仕立てのいいものはそこそこ値段もしますが、5年、10年と着られる品質が保証されています。また、そんなベーシックアイテムがそばにあると、トレンドアイテムともいい距離感でつき合えるから不思議です。

これからは10年選手のアイテムかどうか、見極める力を磨いていきましょう。

ホントにデキるベーシック 3つの方程式

1 形・色・柄のどれもが時代を経ても色あせない

10年選手のワードローブの特徴としてはずせないのが、流行に左右されないということ。簡単にいえば、どの時代にもあったスタンダードな形、色、柄を選べば間違いない、ということです。反対に、色がベーシックでも、形が流行の型だったりすると、トレンドの終焉とともにタンスの奥へ……となってしまう可能性が出てくるので要注意。

2 デザインがベーシックなものほど質のいいものを

長く使えるアイテムは流行に関係なく使えるデザインゆえ、シンプルで遊びの要素のないものがほとんど。でもそんなデザイン性だからといって、安価なものを買ったりしてはいませんか？　10年着られる理由はデザインが普遍的であるだけでなく、そもそもの生地や仕立てがいいことも重要です。値段が高くてももとが取れるので大丈夫！　安いものをたくさん買うのではなく、質のいい1枚を選んでいきましょう。

3 くたびれてきたら同じものを買い直して！

質のいいものでも、もちろん寿命はあります。でも、それが自分のお気に入りのベーシックアイテムであるなら、くたびれたからおしまいということではなく、同じものを買い直す、もしくはまったく同じものが売っていなくても色、形が近いものを選んで買い直し、常にワードローブにスタンバイさせる姿勢を貫いてください。

ITEM 01

黒のテーラードジャケット

Black tailored jacket

ラペル（下襟）の幅は細いものを。襟が主張しすぎないので、ほどよいきちんと感が出て、どんなコーディネートにもマッチします。

肩幅は広すぎても狭すぎても「無理して着ています感」が出てしまい、野暮ったく見えがち。直しづらいパーツでもあるので、長く着るなら肩幅がぴったりな、ジャストサイズをセレクトして。

ラペルの先が上向きにとがっているタイプを「ピークドラペル」といいます。こちらのほうがドレッシーで、スタイリッシュな印象。

パンツにもスカートにも合わせやすく、着こなしの幅が広いのは腰骨丈。小柄な人はやや短めでも。

ボタンはコーディネートに遊び心を加えてくれるパーツ。くるみボタンや金属のものなど、こだわると◎。ひとつボタンはスタイリッシュ、2つならスタンダードな印象になります。

オンでもオフでも大活躍！
大人の女性の必需品

テーラードジャケットは、ボタンの数や襟の幅など、細部に流行があったとしても、「テーラード」自体が伝統的に引き継がれてきた型ゆえ、いいものは10年使えます。また、長く着るなら色は黒が正解です。ネイビーはトラッドな印象が使うシーンを限定しやすく、グレーだと背広のような、ややおじさんぽさが残ってしまうことがあるからです。

購入の際は必ず試着を。肩幅が合っているかを確認したら、片手を上げても身ごろが上がらず腕だけがきれいに上がるものを選びます。袖丈は手の甲にかかるくらいのものがロールアップの着こなしも楽しめるのでおすすめです。

ホントにデキるベーシック リアルコーディネート

Early 30s

パーティーだけでなく、普段づかいにもおすすめのコットンパール。大人カジュアルに女性らしさを添えてくれます。

ジャケットにインするタートルニットは、体にほどよくフィットして上半身をすっきり見せるリブ編みを選びましょう。

赤いショルダーバッグをコーディネートのアクセントに。小さめサイズを選べば、軽やかな雰囲気になります。

黒ジャケットをデイリーに使うなら ボトムスにはデニムを合わせて

30代になると、よくいえば真面目、悪くいえば地味な印象を与えがちなテーラードジャケット×タイトスカートの組み合わせ。オフ仕様にカジュアルに着くずすなら、タイトスカートでもデニム生地を選ぶのが正解。

20s

かわいければ万事OKの 甘いジャケットスタイル

20代はブラウスやフレアスカートなど、甘めのアイテムと合わせて。黒ジャケットのボタンはとめずに着ると、ほどよくきちんと感を出しつつ、ガーリーに。

Early 30s

ぶら下がりタイプのピアスは、アップヘアにマッチ。仕草に合わせてゆらゆら揺れて、表情を華やかに彩ります。

襟のとがったデザインのピークドラペルは、通常のテーラードジャケットよりもドレッシーな印象を与えます。

社交の場では、華やかだけど
フォーマル感のある装いを

接待やパーティーなど、仕事がらみの社交の場が増える30代。ジャケット×ワンピースなら、かっちりしたイメージを保ちつつ、華やかさも添えることができます。袖は1回折って、こなれ感を演出して。

Early 30s

裾にいくにしたがって細くなるテーパードシルエットは、ひざ下がすっきり見え、脚長効果も抜群！

パンプスはつま先のとがったポインテッドトゥをチョイス。こちらも脚長効果が狙える頼もしいアイテムです。

やわらかな色でまとめた
フェミニンなオフィスコーデ

華やかなレースブラウスにきれい色のパンツを合わせたいつものオフィスカジュアルに、テーラードジャケットを羽織るときちんと感がアップ。急なアポイントなど、いざというときの心強い味方です。

Late 30s

シャツをインしてベルトでウエストマークをすれば驚くほどおなかまわりスッキリ！

キリっとした雰囲気のセンタープレスパンツも、くるぶしの見えるクロップド丈を選べば女性らしい印象に。

30代後半のオフィススタイルは黒でかためずフェミニンに

役職につく女性も出はじめるのが30代後半。テーラードジャケットを着て「仕事のデキる女」を目指すなら、黒×黒の着こなしはかたすぎるので避けて。白やベージュなどのやわらかい色を合わせて、物腰おだやかな女性を演出しましょう。

Early 30s

編み目の細かなハイゲージのニット帽は、頭にフィットしすぎて顔が大きく見える恐れが。ミドルゲージを選んで。

スウェットパンツは、裾に向かって細くなるテーパードがおすすめ。ただし、細すぎると腰まわりが強調されるので注意。

ラフなスタイルのときにはヒールパンプスで女性らしさを添えるのもポイント。

対極のアイテムを合わせたミックスコーディネート

女子会やショッピングなど、女友達と遊ぶときはがんばりすぎないおしゃれが素敵。テーラードジャケットにラフなスエットパンツを合わせれば、ほどよい大人カジュアルのできあがり。

Late 30s

シンプルなスタイリングでもきちんとアクセサリーをつけるのが大人の女性のおしゃれ。華やかなビジューネックレスはひとつで様になるので便利。

程よいルーズ感が魅力のボーイフレンドデニムは、一歩間違えるとだらしなく見えるので要注意。必ず試着を。

メンズライクな装いを楽しむなら
インナーとアクセサリーづかいが肝

ボーイフレンドデニム×黒ジャケットは、海外セレブにもよく見られる都会的なスタイリング。ただ欧米に比べ小柄な日本人女性の場合、30代後半からはメンズライクになりすぎないほうがお似合い。透け感のあるインナーや女性らしい小物で調整して。

Late 30s

チープな素材は老けてみられる原因に。30代後半からは素材選びを最重要項目と覚えましょう。ストールなら軽やかなカシミアを。

ストラップつきのパンプスは足首を華奢に見せる効果が。スカートと合わせても女度がグッと上がる逸品。

ジャケット×ボーダーシャツの
王道コーディネート

30代後半からは、ベーシックアイテム同士をあえて組み合わせてすっきりとコーディネート。パープル×白のボーダーシャツをジャケットに合わせれば、カジュアルになりすぎず、大人かわいく仕上がります。

アクの強いレオパード柄は、黄みをおさえたベージュが地色になっているものを選ぶと上品な雰囲気に。

腰にタックの入ったタックパンツは、ふんわりした腰まわりで気になるヒップや太ももをカバーします。

ロゴTシャツでヌケ感をつくる
40代からのカジュアルスタイル

黒ジャケットにタックパンツを合わせた隙のない着こなしに、インナーのロゴTシャツでヌケ感をプラスする大人のリラックスカジュアルスタイル。モノトーンのロゴTシャツを選べば子どもっぽくなりません。

ベーシックなVネックは、何着あってもいい30代の定番アイテム。デコルテをきれいに、小顔に見せます。

ジャケット×フレアスカートで
大人のエレガントな雰囲気に

黒ジャケットにフレアスカートを合わせるなら赤やオレンジなどの暖色がおすすめ。ジャケットが引き締め役になって大人フェミニンな印象に。インナーにはくすんだパステルカラーを合わせて30代後半らしいエレガントさをプラスしましょう。

ITEM 02

ボーダーカットソー

Border cut and sewn

基本の型は、鎖骨に沿ってゆるやかにカーブを描いたボートネック。デコルテラインを美しく見せてくれます。

ボーダーの色合わせを変えればマリンスタイル以外の楽しみかたもできます。

首元にラインのないタイプはヌケ感があり、女性らしい雰囲気アップ。

デザイン性の高いアイテムにすんなりなじむ不思議な存在

コーディネートに取り入れるだけで不思議と清潔感が出るのがボーダーカットソー。10年たってもワードローブにスタンバイしておきたい理由はそれだけでなく、柄ものなのにトレンド色の強いデザインや柄、ビビッドな色のアイテムともすんなりなじんでしまう、着まわし力の強さにもあります。

ただしデザインはシンプル、生地もコットンなので、年齢を重ねるにつれて、普段着っぽいラフさが出ないように注意が必要です。基本はスカートやセンタープレスのパンツなど、きれいめアイテムのハズしとして合わせると、洗練された印象になります。

ホントにデキるベーシック リアルコーディネート

Early 30s

華奢なチェーンにダイヤのついたスキンジュエリーは30代の必需品。ベーシックなボーダーにはロングネックレスとの重ねづけがおすすめ。

メンズライクなカーゴパンツも、脚にフィットするスキニーシルエットを選べば女性らしく着こなせます。

カジュアルなカーゴパンツに合わせるなら、ヒールサンダルなど女性らしいデザインの靴がマスト。

ボーダーは白×ブルーだけじゃない
変色ボーダーでひと味違う着こなし

カラーリングに変化をつけるのも、ボーダーコーデに差をつける手っ取り早い方法。たとえば赤×緑のボーダーならカーキのカーゴパンツと好相性。ただしメンズライクになりすぎないよう、小物はフェミニンに。

20s

露出度の高さをボーダーで中和
元気いっぱいのシンプルコーデ

露出度の高いショートパンツをはいても、ボーダーのもつ清潔感のおかげでヘルシーに！　足元にシルバーのシューズを合わせれば、脱「ありがちカジュアル」の完成。

Late 30s

襟なしのノーカラージャケットは首まわりをすっきり見せるアイテム。ツイードならオンでもオフでも重宝します。

つま先のとがったポインテッドトゥのパンプスは脚長効果抜群。グレーなら上品でフェミニンな印象に。

フォーマルなジャケットを
程よくカジュアルダウン

女性らしく、フォーマルな印象の強いツイードジャケットの着まわしにもボーダーカットソーが活躍。ボーダーはフォーマルアイテムを程よくカジュアルダウンする、縁の下の力持ち的な存在としても重宝します。

Early 30s

ただのカジュアルにならないように、スカートには光沢やツヤのある素材をチョイス。

30代からのタイツは60デニール以下を基本に。透け感が出て脚を美しく見せます。それ以上は生地が分厚く、ベタっと重たい印象に。

フェミニンアイテムを
ボーダーカットソーで中和

30代からは、甘すぎない大人の女性らしいスカートスタイルを楽しみたいもの。ボーダーカットソーなら、きれい色スカートのフェミニン要素をうまく中和して、バランスよく仕上げてくれます。

Late 30s

全面ボーダーではなく、首元と裾部分にラインのないタイプを選ぶとヌケ感がアップ。

甘いレーススカートはタイトなシルエットのものを。甘さがおさえられて大人の女性らしい印象に。

上質アイテムと合わせる
大人のボーダーづかい

30代後半からはカジュアルすぎないボーダーづかいを意識して。レースのスカートなど、ドレッシーな雰囲気のアイテムにも、ボーダーカットソーならすんなり馴染み、ハズしアイテムとして活躍します。

40s

実用性はもちろん、スタイリッシュなアクセントとしても活躍するサングラス。スクエア型には顔の引き締め効果が。

甲の部分に飾り金具のついたビットローファーは、通常のものよりエレガント。40代におすすめの上品なカジュアルシューズです。

反転ボーダーでマニッシュに
白と紺でまとめた品のあるスタイル

40代からチャレンジしたいのは、ネイビーベースの反転ボーダーを1枚でサラっと着るスタイリッシュでマニッシュな着こなし。ボトムスや小物は白系の淡い色でまとめて、女性らしさも忘れずに。

ITEM 03

ふんわりスカート

Gathered & flared skirt

ウエストにギャザーが寄せられたギャザースカートはカジュアルでかわいらしい印象。腰から広がるので、おしりの薄い人や華奢な人も女性らしいふっくらとしたラインになります。

ウエストにひだの入ったタックスカートは、ギャザースカートよりもカッチリとしたラインでエレガントな雰囲気。また、腰まわりの気になるお肉もきれいにカバーしてくれます。

腰の張りやおしりの大きさに悩んでいる人は、サーキュラースカートがおすすめ。腰まわりがタイトなのですっきり着ることができます。

気になる部分をカバーする心強いフェミニンアイテム

年を重ねるにつれて気になりはじめる体型の崩れ。とくに下半身は腰まわりにお肉がついてしまう人、おしりのお肉がたれてしまう人など、「素材勝負」とはいかなくなってくる人が多いようです。

そんな悩みを解決してくれるのが、ウエストにギャザーやタックを寄せたスカートや、腰まわりはタイトで裾に向かって広がる形の「ふんわりスカート」。どれもウエストを細く見せ、下半身を素敵にカバーしてくれるアイテムです。

体型を気にしておしゃれを諦めるのは損！　体型の変化を支えてくれるふんわりスカートは、これから10年来の親友になるはずです。

ホントにデキるベーシック リアルコーディネート

縦のラインが強調されるため、スマートに見えるストライプシャツ。首元からのぞかせるだけで程よくボーイズライクな雰囲気に。

30代がソックス×パンプスに挑戦するなら、落ち着いたダークカラーのソックスを。

ガーリーだけど甘すぎない
白タックスカートの着こなし

腰まわりのシルエットが気になりはじめる30代におすすめしたいのが、ひだの入ったタックスカート。白でもひだがかっちりとプレスされたものなら、甘すぎない大人のエレガントなスカートスタイルに。

ふんわりラインのギャザースカートで
20代らしいコーディネートを

コンパクトなGジャンで上半身と下半身のボリュームに差をつけた、20代らしいガーリーコーデ。一見甘めなラインのスカートも、黒をセレクトしてスニーカーでカジュアルダウンすれば清潔感のある装いに。

Late 30s

シックなコーディネートに映えるゴールドのバングル。太さのあるものを選べば存在感抜群です。

同色系のコーディネートは異素材ミックスでニュアンスを出して。レザー×ファーのコンビバッグは、取り入れやすい一品。

**首元のボリュームでスタイルアップ
シックにまとめたスカートコーデ**

30代後半からのギャザースカートスタイルはきちんと感を出すことがポイント。トップスや小物も黒でまとめて、シックなスタイリングに。ファーで首元にボリュームを出せば、全身がすっきり見えます。

細身のフープピアスなら、大きいサイズでも程よい存在感。女性らしさを演出できます。

Early 30s

ニットのインナーなどレイヤードづかいにも活躍するデニムシャツ。1枚で着るときは袖をまくってこなれ感を。

**黒ギャザースカートで
おなかまわりをふんわりカバー**

ギャザースカートはぽっこりおなかをカバーする優秀アイテム。おしりがふっくら見えるので、薄いおしりや細身の人にもおすすめです。シルエットがよりきれいに見える黒を選んでシャツをインすれば、ほどよくクールなのに女性らしいラインの完成！

40s

クリーム色のレザーバッグでヌケ感をプラス。クラシカルなキルティングバッグは、フォーマルでも活躍します。

コーディネート全体をベージュ～アイボリー系でまとめているので足元にもブラウンを選ぶと落ち着きます。

上品で華やかな雰囲気が魅力
色数を絞ってセットアップ風に

40代のふんわりスカートコーデは、かわいくなりすぎないように全体の色数を減らして落ち着いた雰囲気にするのが正解です。スカートとトップスの色を同系色にすれば、セットアップ風になってよりシックに。

Late 30s

リボンを結ぶデザインのボウタイブラウスは、女性らしさときちんと感が出る30代後半にうれしいアイテム。

カーキのアイテムを使うなら、ミリタリー感をおさえるために少量の赤を取り入れて、女性らしさをプラスして。

ナイスバディも夢じゃない
着やせ効果抜群の組み合わせ

シルクなどのやわらかな素材でできたブラウスとサーキュラースカートの組み合わせは着やせ効果No.1。インしたブラウスは軽くブラウジングすると気になるおなかまわりもしっかりカバーできます。

Special contents

1

リピート買い、複数買いしたのは色&風合い抜群のカットソー!!

何枚もっていても重宝するカットソーは、色違いでそろえておきたいもの。1枚で着ても着こなしが決まる主役級のものを手に入れると、おしゃれ度が上がります。

ENTRY NO. 1 アメリカーナのTシャツ

大人のプリントカットソーは子どもっぽくならないように、ユーモアが利いたものやクールなものがおすすめ。アメリカーナは古着をデザインソースに、すべての商品を国内生産で自社製造しているブランド。さらっとした質感で着心地がいいので、真夏は特にヘビーユース間違いなし。ベーシックなロゴプリントが着こなしのアクセントになります。

ENTRY NO. 2 マジェスティック フィラチュールのカットソー

糸、生地から自社で製作するパリのカットソーブランド、マジェスティックフィラチュール。1万円強と少々お値段は張りますが、見た目の雰囲気と風合いが抜群。重ね着してチラッと見えたときにも「間に合わせ感」がありません。広めの襟ぐりも開きすぎないので、デコルテをきれいに見せてくれ、1枚で着てもサマになります。

同系色のニットから カットソーをチラ見せ

重ね着をしたときにちらりと見えるインナーが雰囲気のあるものだと大人の余裕を感じます。ニット、カットソー、パンツをグレーのグラデーションでまとめると、すっきりと脚長に。全体的にメンズライクなので、小物でかわいらしさをプラスして。

着まわし TECHNIQUE

白のワイドパンツに インしてすっきりと

ワイドパンツが主役の着こなしですが、ボトムスに負けない、1枚で着ても様になるカットソーを。カジュアルすぎない霜降り具合が小粋な印象にしてくれます。パンツにインしてから、ふんわりブラウジングさせて。柄ストールと赤いパンプスをアクセントに。

ストレートなカジュアル スタイルもサマになる

上質なプリントカットソーなら直球のカジュアルコーディネートも大人っぽく着こなせます。派手色のスカートにはグレーのトップスを合わせるのがおすすめ。赤と相性がいいカーキのミリタリージャケットを羽織れば、3色のバランスがおしゃれ！

ITEM 04

ストレートジーンズ

はきこむうちに味が出るのがデニムの魅力。一度も洗いにかけていないノンウォッシュを育てたいところですが、初心者は色落ち加工が施されているものを選んだほうがベター。

丈は、そのままでもロールアップしてもはけるように、足の甲でワンクッションする丈にお直しを。

ロールアップしたときに見映えがいいのは、裏側の縫い合わせた部分が赤い糸で縫われている「赤耳」。

世代を問わず、着まわし力◎工夫してはくのが大切！

10年選手で外せないのがやっぱりジーンズ。ワークウェアからファッションアイテム化した歴史があるように、基本的にいいジーンズは生地、縫製がしっかりしているので、平気で10年使えます。特にベーシックなストレートジーンズは、着まわし力も高く、経年変化も楽しめるので、1本あって損はありません。

ただし、着まわし力が高いことと、「とりあえずデニムでいっか」で選ぶことは違います。「ジーンズはおしゃれ着だ」くらいの気持ちで、いつもより2割増に、スタイリッシュにコーディネートすることが長くつき合っていくための秘訣です。

ホントにデキるベーシック リアルコーディネート

Early 30s

じゃらっとしたネックレスをアクセントに。ロングネックレスには顔から視線をそらし、小顔に見せる効果も。

ボリュームのあるデザインの袖は、二の腕が気になる30代の強い味方。袖部分に視線を集めて二の腕を細く見せます。

ポイントはロールアップ カジュアルすぎないジーンズコーデ

30代からは、カジュアルになりすぎないように意識してコーディネートを。ブラウスやヒール靴で、女性らしさを加えます。デニムパンツは2〜3cm幅で3回、きっちりロールアップするとよそゆき感が出ます。

20s

カジュアル×カジュアルでもOK！ 爽やかな夏色コーディネート

ジーンズにノースリーブの刺繍ブラウス、かごバッグとカジュアルなアイテムでまとめた20代らしい夏のコーディネート。ビタミンカラーの組み合わせで爽やかに。

Late 30s

襟のないノーカラージャケットは、首まわりをほっそり見せます。縁のパイピングも上品。

フェミニン度を高めたいときには、とろみ素材でできたブラウスが最適。着やせ効果もあります。

足首を見せて女性らしく「上品ジーンズ」を意識して

30代後半からはボーイズライクなデニムパンツを女性らしくはくと◎。きっちり2〜3回ロールアップしてヒールパンプスを合わせ、足首を華奢に見せるのがポイントです。ストレートジーンズはきちんとはく、それだけで上品な雰囲気にまとまります。

Early 30s

レオパード柄と合わせるときは黒など強い色は避けて。白のカットソーならほどよいヌケ感があり、洗練された印象になります。

パリっと糊のきいたデニムを一度洗いにかけたワンウォッシュ加工なら、肌あたりがやわらかではき心地も◎。

足の甲を見せてヌケ感をプラス。バレエシューズの魅力はそのかわいいフォルムだけにとどまりません。

個性的なアイテムをベーシックなデニムで生かす！

30代からチャレンジしたいのがレオパード柄。着こなしに悩む個性的なアイテムですが、そんなときにも頼りになるのがジーンズです。ベーシックだからこそ、個性的なアイテムをより輝かせてくれるのです。

40s

シャツのボタンは上から1〜2個あけてパールをのぞかせて。胸もとにVゾーンができて顔まわりすっきり。

シャツの袖はカフス幅に合わせて3回折って。軽やかでこなれ感の出る大人の女性におすすめのテクニックです。

靴とバッグは同系色で合わせるとシックにまとめられます。

カジュアルだけど上品に 大人の女性のデニムスタイル

デニムパンツを40代ファッションに取り入れるなら、カジュアルすぎる着こなしを避けるのが鉄則。きれいめシャツを合わせてシンプルに、ストレートジーンズのよさを引き立てる引き算コーディネートを心がけて。

Late 30s

30代からのくすみはじめた肌に映えるヌーディーカラーは、黄みの少ないミルクティーベージュ。肌着感を回避できます。

ヌーディーカラーのブルゾンの中には白を合わせるべき。ベージュが肌になじみすぎるのをうまく中和します。

ブルージーンズ×ブラウンで 王道のジーンズコーディネート

色落ち加工がされたブルージーンズのラフなイメージを生かして、ブラウンのブルゾンをセレクト。ただしラフな印象になりすぎないように、コンパクトなサイジングと革小物でまとめるのが大人。

ITEM 05

トレンチコート

取り外しのできるライナーつきを選べば季節を問わず着まわせます。

試着時のポイントは、肩幅を合わせること。すっきり見せるために、ベルトを締めたときに上半身がもたついていないかもチェック。

装飾が多いこともトレンチコートの特徴。小柄さんなら、装飾のつくりが小さめのものを選ぶと「着られている感」が出ません。

パリジェンヌがお手本
小物や着かたで差をつけて

トレンチコートの魅力はなんといってもその普遍的なデザインです。ダッフルコートやPコートもベーシックアイテムとはいわれますが、ロング丈が流行ったり、ショート丈が流行ったりとトレンドに左右される部分があるなかで、トレンチコートだけはデザインが安定しているため、トレンドに左右されないアイテムといえます。

もともとは軍用コートとして開発されただけあって、機能性が高いところも長く使える理由のひとつ。スタンダードカラーはベージュですが、肌の黄身が強い日本人女性なら、黄みをおさえた明るいライトベージュが似合います。

ホントにデキるベーシック リアルコーディネート

Early 30s

ラフな印象の強いスエットも、トレンチのインナーに合わせれば、ちょうどいい具合のカジュアルスタイルに。

腰〜太ももまわりを自然にカバーしてくれる台形スカートは、30代の心強い味方。ビビッドな赤で差をつけて。

サイドゴアブーツは、脚をすっきり細く見せる優秀なアイテム。主張しすぎないので、着まわし力も抜群です。

トレンチさえ羽織れば……をやめて スタイリングの一部にする

30代からは毎日同じアウターではなく、テイストの一部としてトレンチコートをコーディネート。スタイリッシュなイメージを生かし、スウェットプルオーバーなどのカジュアルなアイテムを合わせるとバランスよし。

20s

ガーリー×カジュアルを合わせた 若者らしいトレンチ使い

20代女子の基本路線はミニスカート×ブーツのガーリーな雰囲気。トートバッグやニット帽をプラスすれば、トレンチコートをカジュアルに着こなせます。

インパクトのあるレオパード柄も、小物なら取り入れやすいはず。トレンチにもしっくりなじみます。

ツイードスカートのように表情のある生地ともトレンチコートはよく似合います。

きれい色のカーディガンをインパリ・フェミニンな装い

パリジェンヌを意識したフェミニンなトレンチコーデ。きれい色の丸首カーディガンは、ボタンを全部とめてプルオーバー風に。スカートやブーティーも暖色でまとめて大人の女性らしい雰囲気に仕上げました。

1枚でもレイヤードでも活躍するタートルニット。白が1着あるとファッションにヌケが出るので重宝します。

チェック柄のパンツはくるぶしの見える9分丈がベストバランス。柄が重たくならず、すっきりはけます。

トレンチの色を生かした女性らしい同系色コーデ

30代からはマニッシュな雰囲気のなかにも女性らしさを残すのが鍵。トレンチコートのベージュを生かして全体を同色系でまとめると、パンツスタイルでもグッとフェミニンなイメージになります。

トレンチコートのボタンをとめるときは、下に着るワンピースの長さに注意。ワンピースが見えすぎると野暮ったく見えます。

色数が少ないシックなコーディネートには、ストールなどの小物できれい色をオン。女性らしく仕上がります。

ベルトを結んで大人っぽく
今日の主役はトレンチコート

シンプルなワンピースの上にさらりとトレンチコートを羽織った、大人のコーディネート。着崩さず、ウエストベルトをきゅっと結んで正式に着ても似合うようになるのが30代後半からの特権です。

ボタンは上から1～2個あけるのが30代からの新常識。きれいなVネックができて、顔がすっきり、小顔に。

30代からのカモフラージュ柄は、面積が大きいとチープに見えてしまいます。小物で取り入れるのが正解。

難易度の高い柄×柄の組み合わせも
トレンチコートがあれば安心！

トレンチコートをクールに着たいなら、ストライプのシャツをイン。カモフラージュ柄のバッグを合わせても、トレンチコートがクッションになってスタイリッシュにまとまります。

Late 30s

ストールは巻くのではなく、トレンチの上からさらりとかけて。縦のラインが生まれる、おしゃれ上級者の技。

ワイドパンツはオフィスにもカジュアルにもOKな着まわし力抜群のアイテム。腰まわりを合わせて、裾までのラインがストレートに出るものを選んで。

通勤時に差をつける
トレンチコートの生かしかた

通勤時にトレンチコートを選ぶ女性は多いはず。無難にまとめすぎて「その他大勢」になってしまいがちなスタイルも、ワイドパンツとしなやかなブラウスを合わせればクラスアップ。スタイリッシュな通勤スタイルに。

Late 30s

パーカーはオフホワイトをセレクト。ベージュにオフホワイトを重ねて顔まわりの印象を明るく。

デニムパンツの裾は、軽く2回ロールアップ。足元に白スニーカーを合わせればよりスタイリッシュに！

ご近所ルックに見えない、見せない
トレンチコートのきちんと感

カジュアルな服を着ると生活感がのぞいてしまうのが課題の年ごろ。普段着にはあえてトレンチコートを羽織って、カジュアルすぎないスタイリングを心がけましょう。クラッチバッグを合わせて、さらにスタイリッシュに。

つばの広い帽子は長身さん向け。顔を小さく見せる効果も。

40s

かっちりフォルムのミニボストンは、きれい色を選ぶと40代からの「大人かわいい」にもぴったり。

大人になればなるほど
トレンチの魅力は広がります

仕立てのいいトレンチコートが体になじんでくる40代。いつものニットとデニムパンツにさらりと羽織って、大人の余裕がのぞく着こなしを楽しみましょう。鮮やかなグリーンのバッグを差し色にして遊び心を。

Late 30s

モノトーンのボーダーは、色味をおさえながらも程よい存在感が出る名脇役。ふんわりスカートとの相性も◎。

エナメルのローファーは、ツヤ感不足の30代におすすめのアイテム。金具つきのタイプで洗練された雰囲気に。

大人かわいいカラーのスカートを
引き立たせるトレンチスタイル

ボタンをとめずに着たトレンチコートの裾からきれい色の膝丈スカートをのぞかせた、大人のガーリーコーディネート。コートを脱いでも清潔感が漂う、正統派のオフィスカジュアルスタイルです。

ITEM 06

チェックアイテム

Checkered items

織りが甘い生地の場合、ボタンを開けると襟が開いてしまうことが。でもボタンダウンシャツなら襟がとめられているので広がることなく、前たての部分だけがきれいに開き、きちんとした印象に。

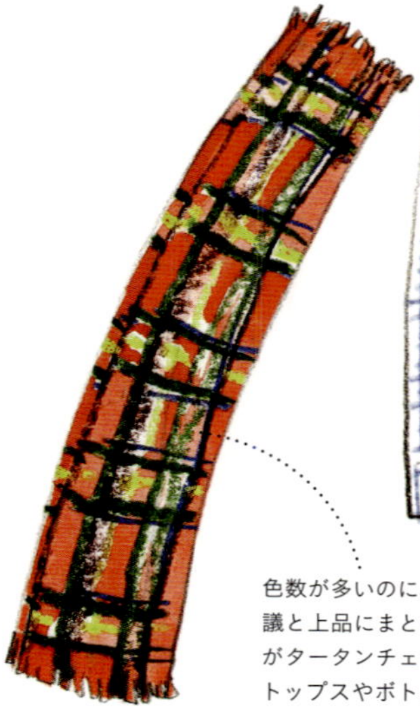

色数が多いのに、不思議と上品にまとまるのがタータンチェック。トップスやボトムスに取り入れると少々うるさいので、ストールでその上品さを楽しんで。

アクセントに使える クラシカルなチェック柄

シンプルな着こなしのアクセントとして重宝するのが、チェック柄のアイテム。カジュアルな印象が強い柄ですが、ギンガムチェックとタータンチェックは特に、毎年シーズンを問わず見られる定番中の定番の柄なうえ、そのクラシックなイメージから、トレンドに左右されず、長く使えます。

　色数の多いタータンチェックは赤が効いているものを選ぶと顔をぱっと明るく見せ、差し色としても使えるのがうれしいポイント。グリーン系のチェックなら、重たくなりすぎないように白がミックスされているものがどんなスタイルにも合い、重宝します。

ホントにデキるベーシック リアルコーディネート

おしゃれアイテムとしての人気が定着した眼鏡は、ギンガムチェックと好相性。クラシカルな雰囲気が漂います。

Early 30s

サロペットを子どもっぽく見せないためには腰まわりのシルエットが大切。腰にフィットするものを選んで。

**ギンガムチェックを着崩して
遊び心のあるスタイリングに**

トラディショナルなギンガムチェックを30代らしく着崩すなら、サロペットのように遊び心のあるアイテムと組み合わせるのがおすすめ。眼鏡などクラシカルな小物と合わせるとバランスよくまとまります。

20s

**赤いタータンチェックを効かせて
ガーリーな印象に**

膝上丈のミニワンピースにぺたんこブーツを合わせてかわいらしく。赤ベースのタータンチェックが差し色になった、デートにもおすすめのガーリーコーデです。

Late 30s

シャツの袖は、ニットワンピの上でカフス幅に合わせてひと折り。アクセントになるとともにこなれ感も演出。

ニットワンピースは素材の特質上、体のラインを浮かび上がらせがち。サイズ感にはこだわって。

気になる部分もカバーできる
ニットワンピース×ギンガムシャツ

単調になりがちなニットワンピースには、ギンガムチェックのシャツを合わせて、ひと味違うこなれた着こなしを。シルエットの出やすいニットワンピースの下に着ることで、体のラインを拾いにくくする効果も。

Early 30s

清潔感を味方につけた、「ニット×白シャツ」のレイヤードスタイル。首もとに襟の白があるだけで明るい表情に。

トップスとボトムスが赤×黒と強い配色の場合、足元には余計な色は使わず、シンプルにまとめるのがベター。

上半身に視線を集める
赤×朱赤の暖色コーディネート

赤ベースのチェック柄ストールに、赤いトップスを合わせて上半身にポイントをもたせた着こなし。視線が上に集まるので背を高く見せてくれます。ヌケ感を出すためにインに着た白シャツの裾ものぞかせて。

40s

ショートヘアには大ぶりのピアスがお似合い。フープピアスなら程よいヌケ感があり、重たい印象になりません。

ファーベストは40代だからこそ似合うラグジュアリーアイテム。カジュアルスタイルのハズしに取り入れて。

ラグジュアリーアイテムを
ギンガムシャツでカジュアルダウン

ラグジュアリーなアイテムを選ぶことが増える40代は、スタイリングが豪華になりすぎないようにほどよくハズすことも大切。ギンガムチェックのシャツならラフすぎず、着こなし全体をうまくまとめてくれます。

Late 30s

カジュアルなデニムシャツも、色落ちなしのものを選べば清楚な印象に。白スカートと合わせれば、よりその印象が強まります。

ミニマムなカラーブロックコーデに
タータンストールで差し色を

ブルー×白のシンプルなカラーブロックコーディネートに、タータンチェックのストールで顔まわりにポイントをつけて。ストールは巻きかた次第で表情が変わりますが、1周ふわりと巻くと軽やか。

column 1

年齢別！ ベーシックアイテムとの向き合いかた

**年を重ねるにつれて、ベーシックアイテムの着こなしかたは変えていきたいところ。
ボーダーカットソーの着まわしかたを例に、ポイントを押さえておきましょう。**

40s ← 30s ← 20s

40s

ベーシックアイテムをシンプルに着る

内側からあふれる円熟味が加わって、定番のスタイルも自分流に着こなせる年齢に。ただし、いつも同じになったり力を抜きすぎたりしがちです。「カジュアルなときこそヒールのあるパンプスをはく」「アクセサリーは本物志向」など、ルールをつくっておしゃれにメリハリを。

30s

ベーシックアイテムを自分流に着る

30代は自分になにが似合うか、「自分らしさ」を大切にしながら、ベーシックアイテムに少し大人の味つけをプラスして。おすすめはカジュアルとフォーマルをミックスしたコーディネート。センタープレスのパンツと合わせるなどオフィスアイテムを着まわしていくのもおしゃれ上級者。

20s

ベーシックアイテムを知る

20代でベーシックアイテムを購入したら、型にはまらずにいろんな着こなしにチャレンジしてみましょう！ 20代だからこそヘルシーに着こなせるショートパンツやミニスカートのほか、トレンドのアイテムに合わせれば、新しい発見があるかもしれません。帽子やバッグ、アクセサリーなど、小物選びにも気を抜かないで。

白のパンツとインディゴのGジャンを合わせた「ボーダー＝マリンルック」の定番コーデでさらっと。

オフィスでも着られるフォーマルなテーパードパンツをボーダーシャツでカジュアルダウン。

ボーダーシャツをガーリーなシフォンのミニスカートに合わせて甘さをプラス。

Lesson 2

これからほしい
ワードローブ

これから買いたすなら、5年10年先まで
おつき合いしたいと思えるものを選びたいところ。
そんなコーディネートの押さえとなる
「新・ベーシック」をお伝えします。

買いたすなら
ベーシックを味つけする
プレイフルな洋服

自分らしいスタイルを見つけるために
毎回セットコーディネートで買うのは卒業。
これからはベーシックアイテムとの相性◎な
「新・ベーシック」を買いたすのが大人の選択です。

今だけでなくこれから10年 着たいと思うアイテム選びを

自分らしいスタイルを見つけたいのであれば、毎回上下セットコーディネートで買うのではなく、自身のワードローブにあるアイテムを思い浮かべ、なにを購入すればそれらに味つけできるかを考えることが大切です。「味つけ」といってもトレンドものを買いたせばいいというわけではありません。これから買いたすなら、ちゃんと10年は着たいと思える良質なものを手に入れたいところです。ベーシックアイテムと肩を並べるくらい着まわし力があるだけでなく、それだけでも「脱・無難」が狙えるような主役級の存在感を放つ「新・ベーシックアイテム」を手に入れましょう。

これからほしいワードローブ 3つの方程式

1 値段以外で気になる点があれば購入を見送って！

「自分の好みにもぴったりで体型にも合う、でも値段が……」だったら、数日悩んだとしても購入する価値はあると思います。ですが、「好みだけどちょっとウエストがきつい……」など、値段以外で少しでも気になることがあるものは、いずれ着なくなります。いろいろな意味でリラックスして着られる服に絞りましょう。

2 ベーシックアイテムに華をそえるものを買いたす

Lesson1で紹介したアイテムがベースメイクだとすれば、これから買いたすものは「ポイントメイク」として、ベーシックにアレンジを効かせるアイテムです。なんにでも合う、ということだけにとらわれず、シンプルのなかにも遊び心や洗練された雰囲気のあるものも選びましょう。

3 お店で決めるのではなく、日ごろからイメージ！

着まわしベタの人は、買いもののときにそのアイテムだけを見ていることが多いようです。意外と人が「素敵！」と感じるストライクゾーンは広いもので、そこに店員さんの押しが加わると、余計な買いものをしがち。日ごろから自分のクロゼットを見直し、「シンプル好きだなぁ」「明るい色がほしいなぁ」とほしいアイテムのテイストを明確にしておくことが大切。

ITEM 01

センタープレスのトラウザーズ

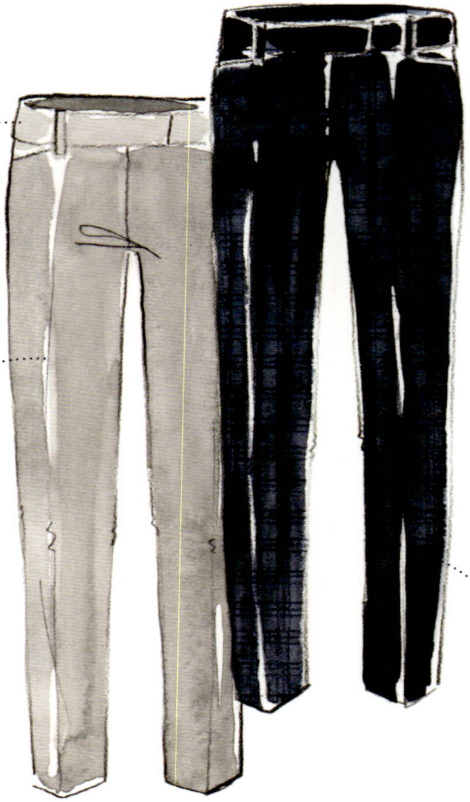

素材はウールまたはウール混紡のものがおすすめ。値段が見た目に出るアイテムなので、仕立てのいいものを選んで。

折り目のあるセンタープレスには、視覚的に縦のラインをつくり、脚を長く、ほっそりと見せる効果があります。丈はくるぶしがちらりとのぞく9分丈が女性らしさが残るのでおすすめ。

最初の1本はトップスとなじませやすい無地のグレーがおすすめ。柄ものにチャレンジするなら、上品なアイテムとも相性のいい、トラッドなチェック柄を選んで。

Trousers

フォーマルな雰囲気漂う
きれいめパンツ

トラウザーズとはパンツの英式名。同じアイテムを指しますが、日本ではデニムなどカジュアルなパンツよりもきれいめな印象のあるアイテムとして認識されています。左右の脚の前面中央に1本の折り目をつけたセンタープレスタイプが多いこともこのアイテムの特徴で、フォーマルな雰囲気があり、カジュアルは楽しみたいけど品を失いたくないこれからのワードローブ新定番としてぜひ取り入れてほしい1着です。

10年はくならパンツはラインが命。おしりから太ももにかけてのラインの崩れも、センタープレスの効いたトラウザーズで解決しましょう。

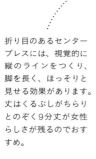

これからほしいワードローブ リアルコーディネート

差し色として赤のリュックを合わせて。パンツがフォーマルなので、リュックでもラフになりすぎません。

男性のスーツチックな細いストライプの入ったトラウザーズは、脚長効果抜群のマスキュリンなアイテム。

ローファーは、スニーカーがラフすぎるときに取り入れてほしい、大人カジュアルシューズの大本命。

子どもとのおでかけにも◎
トラウザーズをカジュアルに

子どもとのアクティブなシーンも増える30代なら、トラッドな印象の強いトラウザーズにスウェットを合わせてカジュアルダウン。スウェットの中にはシャツを重ねて、きちんと感も失わないように。

advice

かっちりコーデの救世主！
ドローストリングスパンツ

おなかポッコリが気になる人にも、反対にウエストが細くてなかなかジャストサイズが見つからない人にもおすすめなのが、腰まわりをひもで締めるタイプの「ドローストリングスパンツ」。トップスの厚みや自身のウエストまわりに応じてひも（＝ストリング）を引っぱって（＝ドロー）調整ができるので、トラウザーズのなかでも普段づかいにもってこいです。ただし、少々おしりがふっくらするので、膝下が細身になっているものを選びましょう。センターラインが効いている柄やストライプを選べばさらに脚長効果が期待できます。トップスもシャツやブラウスなど、カチッとした印象のものを合わせて、ご近所着のような印象にならないようにコーディネートしましょうね！

Late 30s

ノーカラージャケットは顔まわりをすっきり見せる頼もしい味方。白をチョイスして顔を明るく見せましょう。

全体をモノトーンでまとめたらどこかに差し色を入れるのがコーディネートの基本。女性らしいピンクをバッグでプラス。

トラウザーズが主役の
シンプルで上品なコーディネート

トラウザーズ×ジャケットを女性らしくスタイリング。30代後半のメンズライクな着こなしは近寄りがたい雰囲気が出てしまうので、トラウザーズ以外はパンプスやきれい色バッグなど女性らしさを忘れずに。

とろみブラウスはトラウザーズにイン。かるくブラウジングさせるとウエストとの対比で着やせ効果が狙えます。

シックな色合いでまとめるときには、つま先の見えるオープントゥパンプスがおすすめ。女性らしさがのぞきます。

トラウザーズ×とろみブラウスの
大人上品スタイル

メンズライクなトラウザーズも、トップスにしなやかなブラウスを選べば女性らしい印象に。全体的にシックな色合いでまとめたコーディネートは、足元にきれい色を加えることで、華やかに仕上がります。

メンズライクな中折れ帽子を嫌みなく取り入れられるのは40代の特権。どんなファッションにも意外と馴染む万能アイテムです。

40s

ビジューのついたブレスレットはワントーンコーデのいいスパイスに。エレガントな雰囲気も演出できます。

小物でアクセントをつける
ワントーンコーディネート

ワントーンでまとめた着こなしが似合うようになる40代。シルエットがきれいなトラウザーズなら、女性らしさも残しつつ、スタイリッシュに決まります。小物でアクセントをつけてエレガントに。

Late 30s

シャツは白をセレクトしてヌケ感をプラス。ボタンは1〜2つ開けて、ひと粒ダイヤのネックレスをのぞかせれば洗練された大人の女性に。

チェック柄はトラッドな印象が強いので、足元はパンプスでフェミニンに。

30代後半からのオフィスコーデは
上質さと着こなしで勝負

脚のラインをきれいに見せてくれるだけでなく、はき心地もバツグンなトラウザーズはオフィスコーデにも大活躍。9分丈をセレクトして足首をのぞかせ、ボーイッシュな雰囲気を緩和して。

ITEM 02

アンサンブルのニットトップス

Ensemble knit

スカートにもパンツにも使いやすいのは腰骨丈。ベーシックカラーのほか、きれい色があれば無敵です。

クルーネックなら重ね着しなくても胸元がだらしなく見えず上品な印象。

ボタンを全部とめればプルオーバー風の着こなしになるなど、ボタンづかいでいろんな表情が楽しめます。

いざというときは救世主に
賢く生きる女性の新定番

子どもの行事や急なおでかけなど、いざというときに慌てなくてもいいように、買いたしを提案したいのが、アンサンブルのニットトップス。同素材の半袖プルオーバーと長袖のカーディガンをセットにしたコンサバティブな雰囲気のトップスです。

おすすめは、クルーネック。カーディガンのボタンを全部かけてプルオーバー風に、数個かけてニュアンスを楽しむこともできます。

着心地はかしこまらないのに見た目にはちゃんと見えるのも、重宝できる理由のひとつ。リラックスしたいけどきちんと感を出したい大人の女性に長く寄り添ってくれます。

これからほしいワードローブ リアルコーディネート

Early 30s

インナーのニットはスカートにイン。カーディガンのボタンはすべて外して、上品だけど遊びのあるイメージに。

スカートはスウェット生地を選んでカジュアルダウン。カーキなら程よく上品にまとまります。

黒×黒の組み合わせなら、まとまりが生まれソックス×シューズの初心者でも安心。

カジュアル生地のスカートで アンサンブルニットを着崩す

アンサンブルニット×タイトスカートのコンサバティブな着こなしを、老けてみられないようにするコツは、スカートにカジュアルな生地を合わせること。30代前半に意識して取り入れたいテクニックです。

advice

大人のおしゃれじょうずは「ハズしミックス」の心得で！

アンサンブルニットのようにアイテム自体の印象が上品なものは特に、色や合わせるアイテムを無難にまとめると年齢よりも上に見られやすいので注意が必要です。たとえば上下をベージュ系でまとめてしまったり、膝丈で、かつスーツ生地のスカートを合わせてしまうと「きれいめのオバさん」のような印象に……。膝丈のスカートならカジュアルな生地を選ぶなど、アンサンブルニット以外のどこかに旬またはややカジュアルなアイテムをもってきて、「ハズしミックス」のコーディネートを狙ってみて。

Late 30s

どうしても真面目な印象が強いアンサンブル。遊びのある小物をプラスするのがポイント。

ふんわりスカートで若々しく
オフィスでのアンサンブルコーデ

きちんと感のあるアンサンブルニットにタイトスカートを合わせると地味になりすぎてしまう可能性が。ふんわりスカートを合わせて、やわらかな印象を加えて。オフィスでも活躍するコーデです。

Early 30s

ウエストにリボンの付いたショートパンツには、インナーのニットをインしてショートパンツのデザインを生かすとグッド。

ショートパンツによる露出が心配なら、ニーハイブーツを合わせて。細身のシルエットを選べばエレガントに。

コンサバ×キュートは相性よし
グレーのアンサンブルスタイル

30代からは取り入れるには少し難易度が高くなるピンクのショートパンツをグレーのアンサンブルニットで中和。キュートなイメージはそのままに、大人っぽく上品な印象が加わります。

レースアイテムは、手軽に大人ガーリーを演出できるアイテム。ストールなら照れなく取り入れられるはず。

使用頻度の高いアイテムを白にすると、一気に清潔感がアップ。大人の余裕が漂います。

白のアンサンブルで
やわらかな女性らしさをプラス

辛めの黒パンツにフラットなポインテッドトゥ。ともすればバリキャリな女性だと思われてしまいそうな隙のない着こなしに、やわらかさを加えてくれるのが白のアンサンブル。一気にフェミニンな印象に。

大ぶりのビジューピアスもクリアカラーを選ぶと程よい存在感が。大人の女性におすすめのアイテムです。

チェックパンツに使われている赤にパンプスの色を合わせてコーディネートするとうまくまとまります。

ボーイズからレディへ
アンサンブルの偉大なるコンサバ感

少年のような雰囲気のあるチェック柄のパンツも、アンサンブルニットにかかればお手のもの。コンサバ感がやんちゃさを中和して、女性らしい印象に仕上げてくれます。赤いパンプスで、さらにフェミニンに。

ITEM 03

ミドルゲージのニットプルオーバー

Vネックは顔がすっきり見えるおすすめの型。浅めのVネックを選べば、1枚でもセクシーすぎずに着られます。

ベーシックな形のアイテムだからこそ、年を重ねるほどにきれいな色にチャレンジしたいところ。1枚あると簡単にコーディネートに変化がつけられて便利。

袖まわりが広くゆったりしたドルマンスリーブは、ジャケットの中に着られないので着まわし力ダウン。反対に細すぎると腕のラインが出てしまうので、程よくゆとりのあるものを選びましょう。

Middle-gauge knit

程よく真面目さを残す知的な大人の女性に

プルオーバーとは頭からかぶって着るタイプの洋服のこと。1枚でも重ね着でも楽しめる着まわしの幅の広さが魅力で、これから買うならスカートやトラウザーズとも合い、程よくリラックスできるニットプルオーバーがおすすめ。

　ニットの編み目は細かいほどにきれいめな印象に。中間のミドルゲージはハイゲージほどかっちりせず、ローゲージほどラフな印象にならないのが特徴。通勤用のボトムスに合わせれば、崩しすぎない大人カジュアルの完成です。

　最近はハイネックが流行の型ですが、Vネックやクルーネックなら流行に左右されずに、長く着られます。

これからほしいワードローブ
リアルコーディネート

Early 30s

斜めがけしてもチェーンショルダーなら幼い印象になりません。

チュールスカートにはスニーカーやごつめのブーツを合わせると、甘くなりすぎず大人かわいい雰囲気に。

チュールスカートと色を合わせたワントーンコーディネート

ハイゲージほどコンサバ感が強くなく、ローゲージほどカジュアルすぎないミドルゲージ。30代には少々甘めのチュールスカートを大人っぽくまとめてくれます。帽子〜スカートまで同系色で合わせて小物で遊んで。

advice

保管の仕方を工夫して長く着られる1着に！

ミドルゲージのニットはハンガーなどに吊るして保管すると伸びてしまい、劣化の原因になります。必ず2つ折り程度にたたんで保管しましょう。また、何枚も重ねて保管してしまうと、ふっくらとしたニットの風合いが崩れてしまうので、重ねるなら2〜3枚程度にしましょう。

Late 30s

ベージュ系でまとめた着こなしには、ゴールドのアクセサリーがお似合い。スタイリングに華を添えてくれます。

同系色のコーディネートには、小物でアクセントになるカラーを取り入れて。

上下を同系色でまとめた
上品なニットコーディネート

ニットプルオーバーに細いチェック柄のきれいめパンツを合わせた上品な着こなし。トップスとボトムスを同系色でまとめるときには、全身が間延びして見えないように黒のベルトで締めると◎。

Early 30s

レザーのトートバッグは、オフィスにもカジュアルにもOK。ひとつあると重宝する30代の必需品です。

バレエシューズは、きちんと感のあるセンタープレスのパンツとも好相性。ガーリーな雰囲気を加えてくれます。

ミドルゲージで表情を加えた
シンプルな大人の着こなし

色数をおさえた着こなしに、編み目の細かなハイゲージニットを合わせると真面目すぎる印象になります。ミドルゲージニットを合わせて大人のヌケ感をつくりましょう。手もちの柄ストールでアクセントを。

ネイビー×白で上品に
カジュアルで女性らしい着こなし

40代からは縦のラインを意識した着こなしが鉄則。ネイビーのミドルゲージニットにホワイトデニムでシンプルにまとめつつ、程よくカジュアルに。首に巻いたストールで縦のラインをつくって。

ジャケットは、羽織らないならきれいにたたんで腕にかけると上品。腰に巻いたり、肩にかけたりするのは少々品がないので避けて。

ふんわりスカートも黒を選べば、甘すぎず、品のある印象に。

パンツにもスカートにも合わせやすいブーティーは、足首を華奢に見せてくれるうれしい効果も。

きれい色のニットが主役
大人かわいいスタイリング

30代後半からはニット×ふんわりスカートの定番コーデにきれい色を合わせるのもおすすめです。おしゃれ度がぐんとアップします。きれい色のニットを主役に大人のかわいさを演出して。

ITEM 04

レースアイテム

ブラウスで取り入れるなら、1枚で様になる袖つきのものがおすすめ。ライトグリーンでもグレーがかったものを選べば、使いやすくなります。

レースの面積が大きくなるワンピースはダークカラーをセレクトすると普段づかいしやすくなります。1枚で手軽に品のある女性を演出できます。

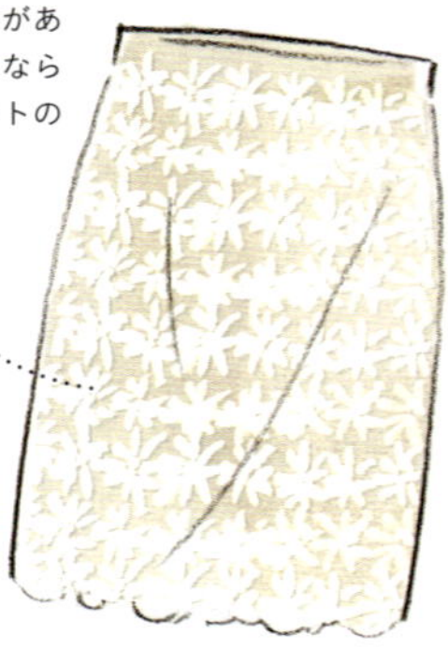

レース自体に甘さがあるので、スカートならタイトなシルエットのものが◎。

Lacy items

大人の女性にこそ似合う
フェミニンで上品なアイテム

小さなころは大好きだったはずのレース。でも、年を重ねるごとに「甘すぎ⁉」と手を伸ばすのを躊躇している人も多いのでは？

でも上質なレースには繊細な手仕事が醸し出す上品さがあり、甘いだけの印象にとどまらず、手軽に女性らしさと品を添えてくれます。年々失われていく肌や髪といった天然のツヤも、上質なレース生地のもつ光沢感が補ってくれるので、これから長く愛せるアイテムとなるはずです。

華やかなシーンにはもちろん、カジュアルスタイルのハズしアイテムとしても活躍する、大人の女性にこそ取り入れてほしい逸品です。

これからほしいワードローブ リアルコーディネート

カジュアル要素のあるTシャツもスカートにインすると、女性らしく着こなせます。

白いレースのスカートは、スポーティーなアイテムと合わせると甘すぎず、ヌケ感が加わってこなれた印象に。

魅力を引き立て合う
スポーティー×レースの組み合わせ

30代からはレースアイテムを甘くコーディネートすると媚びている雰囲気になるので、クールなカジュアルアイテムと組み合わせるのが正解。正反対のアイテムだからこそ、互いの魅力を引き立てます。

advice

レーストップスは
必ず裏返して洗うこと！

レース生地は洗濯の際に痛みやすいので、必ず裏返して洗濯ネットに入れて洗います。洗濯機よりもやさしく押し洗いで。直射日光のもとで干すと変色してしまうおそれがあるので、陰干しするようにしましょう。

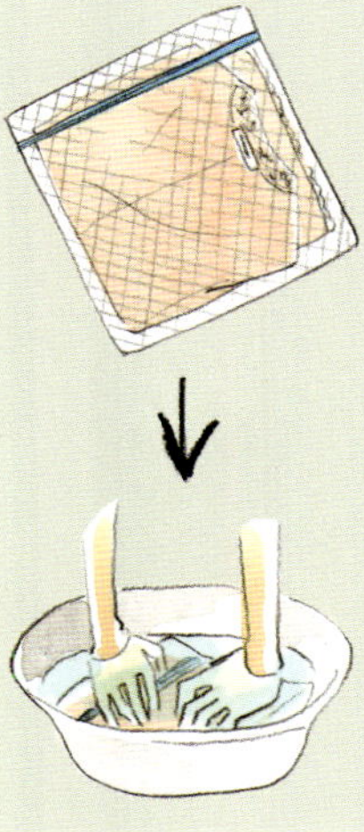

advice

インナーはレースアイテムと
色を合わせると上品！

レースアイテムは透けるので必ずインナーを合わせると思います。そのときに意識してほしいのが色！　基本的には白のレーストップスなら白のキャミソールにするなど、レースアイテムの色に合わせてコーディネートしましょう。白のレーストップスに反対色の黒のキャミソールを合わせると、レース模様が浮き上がって見えることで女性らしい印象が強調され、やや色っぽくなってしまうことが。でも、全体的にボーイッシュなコーディネートなら、あえてキャミソールを透かせて見せるのはアリです。

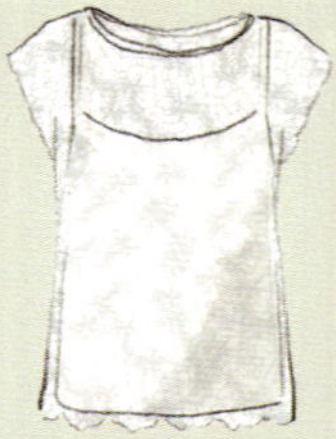

elegant

glamor

Early 30s

大きめのクラッチバッグは、デイリーでも活躍。メタリックカラーを選べばアクセントにもなります。

彩度の低いペールトーンを選べばピンクでも大人っぽい印象に。

ペールトーンで甘さをおさえた
大人のレースアイテムづかい

オフィスなどの改まった場所でも活躍するレースアイテム。ただし、甘くなりすぎないようにボトムスや小物には彩度の低いペールトーンのアイテムを選んで上品な印象に仕上げましょう。

Late 30s

クラッチバッグはシルバーを。光沢感のある素材はレースアイテムとの相性○です。

足の甲からストラップのあるTストラップパンプスは、縦のラインを効かせて脚を長く見せてくれます。

40s

レース×ミドルゲージニットで
40代のカジュアルダウン

レースワンピースの上からミドルゲージニットを着てカジュアルダウン。上質なアイテムを普段づかいする、脱力系の着こなしも似合うのが大人の女性です。小物にはレディライクなアイテムを選んで。

華やかなシーンで活躍！
1枚で決まるレースワンピース

30代後半からは、レースのワンピースをさらっと1枚で着こなすと素敵です。レースを主役にしたシンプルなコーディネートなので、アクセサリーやバッグなどの小物づかいで自分らしさをプラスして。

Special contents 2

アイテムを生かすも殺すもあなた次第 テイストをあやつってスタイルアップ！

好きなテイストはあるけれど、どうやってコーディネートしたらいいかわからないという人も多いのでは？ 代表的なパリジェンヌ風、プチコンサバ風、モード風に仕上げるポイントをレクチャーします。

トレンチコート

軍用コートが起源のトレンチコート。デイリーカジュアルからオフィシャルなスーツにも合う便利アイテムですが、みんな同じ印象になりがち。ボタンをとめる数やベルトの結びかたひとつで印象が変えられます。

Gジャン
トレンチからGジャンをチラ見せすれば、ベージュにデニムのブルーが映え、コーディネートの締め色に。

ビビッドなスカート
着こなしに差をつけにくいトレンチだからこそ、ビビッドカラーのスカートを選んで差し色をプラスすると○！

ショルダーバッグ
ポシェットタイプのショルダーバッグを、大人があえて斜めがけするとこなれた印象に。

Parisienne
パリジェンヌ風

パリジェンヌは普遍的なものを自分流にアレンジして着る天才！ Gジャンにトレンチコートを羽織る定番アイテム同士のレイヤードスタイルです。襟や袖からデニム地を見せるのが着こなしのポイント。ボタンはとめずに、ベルトを中心からずらして結ぶのが一歩差のつくスタイルに。

Mode
モード風

ボタンを上までとめてストームフラップを見せたら個性的な着こなしに！　ベルトは締めずにポケットに入れて、クールでマニッシュなボックスシルエットをつくりましょう。メンズライクにまとめすぎると近寄りがたくなるので、甲浅のパンプスやアクセサリーで女性らしさを忘れずに。

Petit-conservative
プチコンサバ風

オフィス向けのコーディネートにもトレンチはしっくりハマります。コートのボタンをとめるとカチッとしすぎるので、前は開けてベルトを背中で結んで羽織りましょう。ぼやけた印象にならないように、ネイビーやバーガンディなど、濃い色を少ない面積で利かせます。

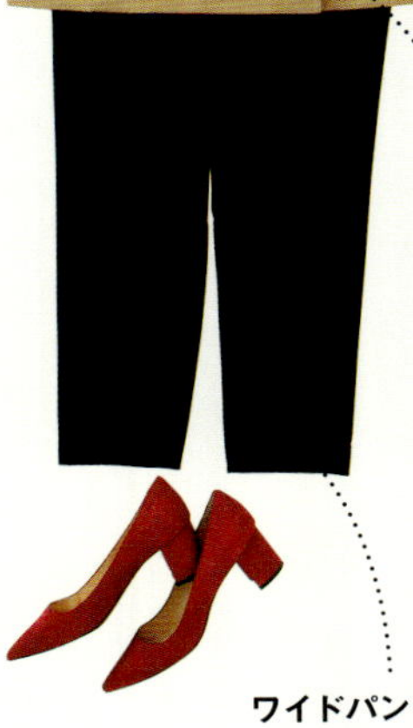

メタリックな小物

シンプルにまとまりやすいので、小物に個性的なものを取り入れて。メタリックなクラッチバッグでクールに。

ワイドパンツ

ハイウエストのワイドパンツでモードな着こなしに。足元はパンプスを合わせてヌケ感を。

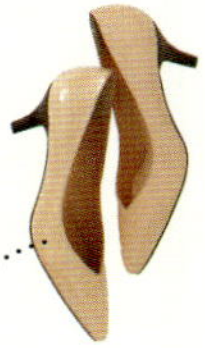

シルクのスカーフ

強めの色のスカーフをバッグに結べば、コンサバ風の着こなしのアクセントになります。

ピンクベージュの小物

バッグやパンプスをヌーディなピンクベージュで合わせると、ソフトでフェミニンな印象にまとまります。

ITEM 05

ノーカラーコート

No-collar coat

5年、10年先も使うことを考えるのであれば、トレンドのビッグシルエットでなく、肩幅の合うジャストサイズを。

着丈は膝上5〜10cmがバランスよし。裾から膝丈スカートをチラリとのぞかせるなど、ボトムスとの組み合わせで表情が変わります。

パンツにもスカートにも着まわし力抜群のアウター

これまで着ていたアウターが急に子どもっぽく思えて、買い替えを考えはじめたのであれば、提案したいのがノーカラーコートです。

その大きな理由はなにより上品であること。さらに襟のあるコートと違って、中に着るトップスの型を選ばないので、幅広く着まわせる点もポイントです。また、大人になるにつれてすっきりとなる首から鎖骨にかけてのラインをより美しく見せるという、うれしい特典も！

丈はパンツにもスカートにも合わせやすい膝上丈を。色は黒、白のほか、ネイビーのように合わせやすいブルーがあれば万全です。

これからほしいワードローブ
リアルコーディネート

ボリュームのあるパーカーワンピースにはタイツかスキニーパンツを合わせて脚の細さを強調して。

コートの下を白っぽいカラーでまとめるときには、黒いシューズを合わせて引き締めて。

スポーティーアイテムも
コートでフェミニンなイメージに

スポーティーなパーカーワンピースも、ノーカラーコートを羽織れば女性らしい印象に。冬は黒いアウターを選ぶ人が多いので、中に着る服や小物で白を加えて、30代らしいこなれ感をアップさせて。

advice

長く着まわすためのコート選びは
繊維の混紡率が大事！

冷えは女性にとっての大敵。でもたくさん重ね着しすぎると、着ぶくれして見た目にも残念な様子になるだけでなく、肩こりの原因にも。軽くて暖かいコートを選ぶなら、必ず品質表示をチェック！　暖かさはウール、カシミヤ、アンゴラ、アルパカ、モヘヤ、キャメルなど天然繊維の合計が100％のうちどれだけ多く配分されているかがポイントになってきます。ただしウールの混紡率が100％に近いほど重たくなるので、それ以外の天然繊維との混毛であるものを選びましょう。

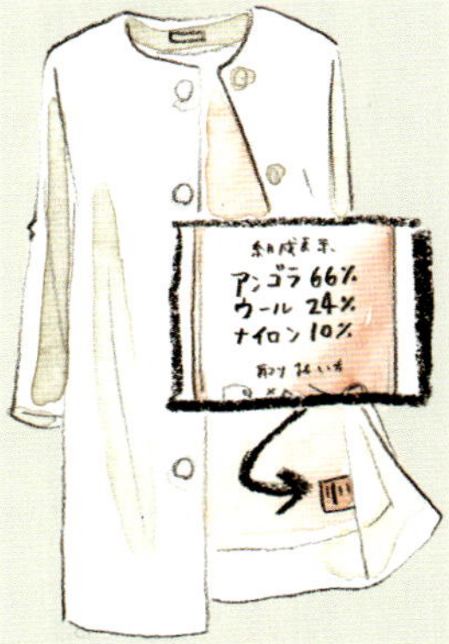

メンズライクな眼鏡もブラウン系を選べばフェミニンに。

Late 30s

スキニーパンツにはヒールパンプスを合わせると脚を長く、すっきりと見せる効果が。

30代後半からは積極的に白を！
コートが主役のパンツスタイル

30代後半から意識して取り入れたいのが、洗練されたイメージの白コート。暗い色を選びがちな冬にこそ白を選ぶことでハイセンスな雰囲気が漂います。バッグは暖色にして、女性らしさをプラスしましょう。

Early 30s

コートが鮮やかな色の場合、マフラーにはベーシックカラーを合わせて色味をおさえると大人っぽくまとめられます。

膨張色の白をスカートで取り入れる場合は、すっきりとしたシルエットのものを選んで。

ブルーのコートを主役にした
ラインの効いたコーディネート

ブルーのコートを羽織るときには、コートの下を淡いトーンでまとめると◎。コートの縦のラインが効いて、着やせ効果が狙えます。30代からの通勤スタイルに差をつける上品なスカートスタイルです。

40s

色の組み合わせを楽しむ
エレガントなコートスタイル

定番アイテムを組み合わせるときには、色の組み合わせで遊びをプラス。ブルー×キャメルは相性がよく、上品な印象があるので、大人の女性におすすめの組み合わせです。小物でパープルを加えてエレガントに。

Late 30s

シンプルな着こなしにはファーマフラーでアクセントを。女性らしさも加えてくれる便利なアイテムです。

バッグは、黒でもすっきりとしたシルエットでクラシカルな表情のものを選ぶと洗練された雰囲気に。

モノトーンでまとめながらも
女性らしさを残したシンプルコーデ

年齢を重ねると、モノトーンコーデがキツい印象を与えてしまうことも。黒いコートにはチェックのスカートやファーのマフラーなどを取り入れて、女性らしい印象を加えましょう。

column 2

ヘアスタイル&メイクも重要ファクト！

年齢に応じてベーシックアイテムの着こなしかたを変えるように、ヘアメイクもシフトチェンジが必要です。着こなしに合わせるヘアメイクテクニックを伝授！

Late30s ~ 40s

若いころよりも落ち着きが求められる世代。メイクは色よりも土台づくりに重点を。いつ買ったか分からないようなパウダーファンデーションを使っている人は、保湿効果の高いリキッドファンデーションにチェンジして。派手なヘアメイクは落ち着きなく見られるので、髪や肌がツヤっぽく見えるような仕上りを目指しましょう。

20s ~ Early30s

まだまだトレンドや自分の好きなテイストでヘアメイクを楽しんでOKな年齢。カラーリングも明るめにするなど、チャレンジする気持ちが大切です。ヘアスタイルやヘアメイクを変えるだけで似合うスタイルも変わるので、コーディネートの幅が広がります。

さりげなくクラスアップするなら、カラーリングはトーンを落としつつ、毛先に動きが出るようなショートボブがおすすめ。
血色よく見せるため、チークをオン。ナチュラルピンクベージュを肌になじませるようにのばすと自然。
ネイルはシアータイプが指先をきれいに見せてくれます。パールがギラギラしているタイプは避けて。

カラーリングは明るめに。アッシュ・マット系カラーがあか抜けた印象に。ワンレグスのボブスタイルなら小顔効果も。
アイメイクはしっかりと。チークを高めに入れたり、リップに色を使うのも◎。
ネイルはビビッドカラーでスタイリングのアクセントに。フレンチネイルにすればオフィスカジュアルにもマッチします。

Lesson

3

これからほしい 小物選び

コーディネートのアクセントとなる小物にも
これからはこだわりをもって選びたいところです。
これから買いたすのに失敗しない
小物選びのポイントを学びましょう！

10年使うなら
ここぞのときにも使える
主張しすぎない小物たち

洗練されたファッションには、小物づかいの妙があります。特にパーティーや旅行といった限定されたシーンでは、こだわりの逸品を迷いなく身につけられるかが肝に。

小物は仕上げの調味料！
シーン別にそろえて楽しんで

コーディネートはトップスとボトムスを選んだら終わり、ではありません。同じアイテムを着るにしても小物になにを合わせるかで雰囲気が変わります。

特にベーシックアイテムで洋服をコーディネートするときは、小物のもつ「質」がよくも悪くも目立ちます。一見上品なデザインのバッグでも、合皮だと一気にコーディネート全体をチープな印象にしてしまうことも。

10年つき合える小物を引き寄せたいなら、洋服以上に質にこだわりを。加えて飽きのこないデザインなら、使うシーンが限られるような小物でも、あってよかったという縁の下の力持ちになるはずです。

これからほしい小物選び 3つの方程式

1 いろんなシーンで使うことを前提に買わない

つい洋服でも小物でも、なんにでも合うものを、と考えて購入しがちです。もしこれまでそうして選んできたというなら、「これは旅行用」「これはオフィス用」といったようにシーンを限定し、こだわりをもって選んでみてください。小物はほかのワードローブよりも、なにかものたりないときのスパイス的要素を多く含んでいます。ファッションの仕上げであることも忘れずに、身につけかたやもちかたにもこだわりましょう。

2 日々のお手入れ、保管で雰囲気美人に

アクセサリーなどの小さなアイテムは特に、長くきれいな状態を維持するなら手入れ・保管に気配りを。素敵な大人の女性には、さりげなく漂う清潔感があります。きちんと手入れと保管がなされたアイテムを身につけていると、とりまく時間さえ優雅に見えてくるので不思議です。

3 カジュアル度の高い小物は「きちんと感」を意識する

スニーカーやナイロンバッグなど、カジュアル度の高い小物は、きちんとした素材を選び、きちんとした使いかたをするのが正解です。たとえばスニーカーなら、スタンダードなブランドの定番ラインをきちんとはく、ナイロンバッグなら上質な生地、シンプルな形を選ぶ、といったことを意識するだけで、どこか洗練された雰囲気になります。

ITEM 01

コンバースのオールスター＆ジャックパーセル

Converse All Star & Jack Purcell

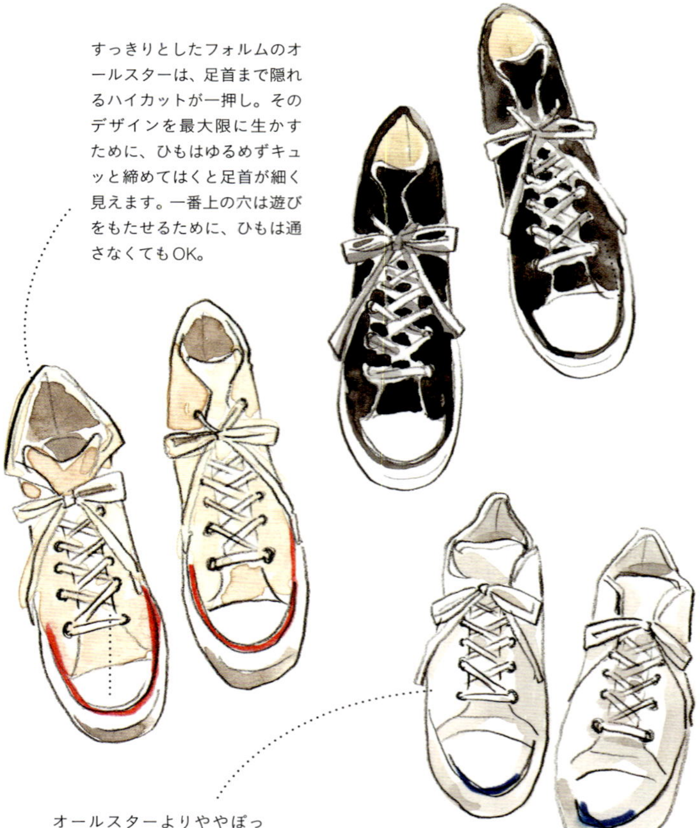

すっきりとしたフォルムのオールスターは、足首まで隠れるハイカットが一押し。そのデザインを最大限に生かすために、ひもはゆるめずキュッと締めてはくと足首が細く見えます。一番上の穴は遊びをもたせるために、ひもは通さなくてもOK。

オールスターよりややぽってりとしたフォルムのジャックパーセルは、ミニマムな白がおすすめ。クリーンなイメージを生かしてスタイリングしましょう。

忙しい女性の味方！
定番のローテクスニーカー

昨今のカジュアルブームもあって、おしゃれアイコンとして定着したスニーカー。それでなくても30代からは子育てや健康のためにスニーカーを選ぶ機会が増えますよね。

数あるブランドのなかから、大人の女性におすすめしたいのがコンバースのオールスターとジャックパーセル。どちらも世代を超えて愛されて続ける、コンバースのなかでも定番中の定番のライン。主張の少ないデザイン性も、年齢を問わず10年、20年とはき続けられます。ずっとなくならないラインなので、買い替えられる安心感もおすすめの理由。フェミニンコーデのハズしとしても大活躍です。

これからほしい小物選び リアルコーディネート

シンプルなブラウスにはネックレスは必須。スキンジュエリーでさりげなく上品に。

しなやか素材でできたブラウスは、ふんわりスカートにイン。ブラウスが体に沿って落ちるので、着やせ効果抜群の組み合わせ。

Early 30s

フェミニン×オールスターの
大人かわいいスカートコーデ

ブラウス×ふんわりスカートのフェミニンコーデに、ハズしアイテムとしてオフホワイトのオールスターを。ひもは上まで締めてはくとラフになりすぎず、30代らしいきちんと感が出せます。

advice

定番スニーカーは
定番のラインを選ぶのが正解！

コンバースのように、スニーカーの定番ブランドといわれるものでも、「創業からずっとあるデザインもの」とワンシーズン限定といったような「流行を追ったデザインもの」とがあります。10年つき合ってはきこなすなら、おすすめは前者。流行に左右されないデザインのほうが、コーディネートのテイストにも流行にも左右されず、自分らしさを底上げするコーディネートが楽しめます。コンバースだからなんでもいい、というわけではなく、「ド定番」を1足もっておきましょう。

Late 30s

ロゴTシャツはモノトーンが大人カジュアルにぴったり。

L.L.Beanのトートバッグは、お子さんの行事やアウトドアにもおすすめ。見た目より大容量なうえ、丈夫なのがうれしいところ。

ラフなアイテムのなかに黒を効かせたアクティブスタイル

運動会など、お子さんのアクティブな行事にもぴったりのカジュアルコーデ。ラフなのに締まって見えるのは、ロゴTシャツの文字色とオールスターが黒いから。黒のオールスターは引き締め役としても活躍します。

Early 30s

カーディガンをストールがわりに肩かけ。前で結ばず垂らせば、ラフな雰囲気にぴったり。

ボーイズライクな着こなしにパンツを合わせるなら、足首に向かって細くなるテーパードパンツを。足さばきがよく、ほんのり女性らしさも残ります。

ジャックパーセルは白一択！清潔感のあるスポーティースタイル

スポーティーなシーンでも大人の女性らしさを忘れたくない30代。白のジャックパーセルなら清潔感が出て、上品な印象を添えることができます。足首の見える丈のパンツを合わせれば、華奢に見せる効果も。

Late 30s

スニーカーコーデは重心が低くなるので、赤いストールで上部にポイントを。

同系色で上下を合わせるときには、色に濃淡をつけると間延びして見えません。

ジャックパーセルのクリーンなイメージと合わせて、バッグも白をチョイス。靴とバッグの色を合わせるとこなれ感が演出できます。

定番アイテムでシンプルに
40代からのスニーカーコーデ

40代からのスニーカーコーデは、全体的にベーシックなアイテムでまとめてシンプルに。シャツやデニムパンツなど定番アイテムを合わせた王道コーデで、流行に左右されない凛とした雰囲気を演出して。

上品なグレーをメインにした
30代後半のフェミニン×カジュアル

グレーの上下でセットアップ風に着こなしたフェミニンスタイル。ハズしにスニーカーを取り入れるのが30代後半からのおしゃれテクニック。タイツを合わせて、あくまで全体の印象は上品に。

ITEM 02

レザーのボストンバッグ

色はどんなファッションにもなじむ黒、または女性らしさを添えてくれるキャメルが◎。

もち手のほか、肩かけできるストラップがついていることも多いボストン。シーンに合わせて使い分けて。

Leather boston bag

もつだけで箔がつく 高級感のあるバッグ

ボストンバッグとは、もともとはボストン大学の学生が好んで使っていたナイロン製のスポーティーなバッグです。形が定番なので飽きがこず、全体を品よくまとめてくれます。ミニサイズでも見た目より容量があるので、ちょっとしたお出かけにも。

ただしボストンならなんでもいいというわけではなく、10年つき合うなら、「ブランドで限定されない形」がキーワードになってきます。たとえばハイブランドのものでも時代のアイコン的なものだと流行りすたりが。できるだけデザイン、形でどこのブランドのものか、限定されにくいものがおすすめです。

これからほしい小物選び リアルコーディネート

ざっくりとしたタートルニットにニット帽を合わせるときは、顔まわりにボリュームが出すぎないよう注意！ ロングヘアなら結ぶとすっきり見えます。

Early 30s

ダークカラーのスキニーパンツなら、気になる下半身を引き締めて見せます。

キャメル×ネイビー×赤の
鉄板30代ボストンコーデ

ざっくりニットにデニムパンツ、ニット帽のカジュアルな着こなしには、きちんと感のあるボストンを合わせるのが30代からの新定番。キャメル色のバッグならネイビー×赤のコーデに取り入れて。

advice

購入するときは重さと
開き具合をチェックして

クラシックな雰囲気で上品なレザーのボストンバッグですが、ものによっては、女性にはちょっと重いな、というものもあります。購入するときはもってみたり、肩にかけてみたりと小物でも必ず「試着」をしましょう。またトートバッグとは違い、開口が大きくないものが主流なので、普段づかいするなら荷物の出し入れに不便がないかもチェックしましょう。

Late 30s

チェック柄の大きなシャツは、ボタンを上から2つ開けるとVラインが生まれ、顔がすっきり見えます。

30代からのチェックシャツは白が含まれているものがおすすめ。清潔感と程よいヌケ感を演出します。

チェックシャツを上品&フェミニンに落ち着いた印象の大人カジュアル

30代後半の程よいカジュアルにおすすめなチェックシャツ×ふんわりスカートの組み合わせ。ボストンバッグをもてばさらに大人の女性らしくまとまります。バッグの色はシャツに入っているなかから1色選んで。

ワンピースの中に着たキャミソールを胸元からチラっとのぞかせて、遊びをプラス。

Early 30s

ヌーディーカラーは女性を美しく見せる色。黄みの強い肌の色の人は、黄みをおさえたベージュが似合います。

ふんわりワンピースをかっちりボストンで引き締める

30代前半にはやや甘く見えてしまいがちなふんわり素材のワンピースも、ボストンバッグがあれば締まります。バッグの黒が効くので、足元にはヌーディーカラーのサンダルを合わせてヌケ感をプラスして。

40s

Late 30s
グリーンのロングカーディガンはハイゲージを選べばすっきり上品な印象に。
バッグのキャメルと同系色でコーディネート。マニッシュなレースアップシューズで程よく引き締めて。

ボストンバッグが映える
トラッドな40代ファッション

40代になればボストンのトラッドな雰囲気をそのまま生かして、着こなし全体をかっちりとまとめるコーディネートがおすすめです。全体的に色数をおさえると、スタイリッシュで上品な印象も加わります。

カジュアルの中にも品格を
もつだけで◎のボストンバッグ

ロングカーディガンを羽織ったカジュアルスタイルは、年齢的にご近所ルックに見られがち。たとえワンマイルファッションでも正統派のボストンバッグをもつことで、スタイリッシュな印象に。

ITEM 03

エルベシャプリエのナイロンバッグ

XLサイズは1人×4泊5日分の大容量、Lサイズは1人×1泊2日分の収容力。この2サイズがあれば万全です。

カラーが豊富なことも
うれしいポイント。色を
選べば男性でもOK！

Travel bag

着こなしにも一役買う
おしゃれなナイロンバッグ

機能性だけをとり、ただの黒だと一気につまらなくなってしまう旅行用バッグ。エルベシャプリエならシンプルなのに遊び心があり、世代を問わず時代にこびないおしゃれな女性に引き上げてくれます。

機能性に優れたこのバッグを提案したい理由は、その美しい配色にもあります。おすすめは面積の広いフェイス部分が定番色、トップと底部分がきれい色という組み合わせ。これならきれい色をコーディネートの差し色として使うことができ、服の色とケンカすることもありません。いつもスーツケースをゴロゴロするのではなく、スマート&おしゃれな旅を楽しんで！

これからほしい小物選び リアルコーディネート

Early 30s

上品にもつなら、トップとマチ部分の色はワンピースと同系色でコーディネート。ビビッドな色でも全身がまとまった印象になります。

アクセントとして赤のスニーカーをセレクト。カジュアルな印象ながら遊びの効いたコーディネートに。ハイカットでワンピースの丈とのバランスをとって。

カジュアルワンピに
きれい色バッグで上品さをプラス

1枚で様になり、かさばらないワンピースは30代の旅ファッションの定番アイテム。カジュアルなシャツワンピだからこそ、きれい色の入った上品なエルベシャプリエのバッグがマストです。

advice

シンプルなデザインほど
使い勝手の幅が広がる！

バッグを購入するときに機能性を重視するあまり、しきりやポケットがたくさんついているものを選んではいませんか。でも、実はこれがかえって用途を限定してしまうので使いにくくなってしまう理由だったりするのです。エルベシャプリエのトートバッグは内ポケットがひとつだけ。あとは使う人が使う目的に合わせてざくざくと入れられるようにとてもシンプルなデザインにつくられています。使わないときは小さくたためるのでサブバッグとしても重宝します。

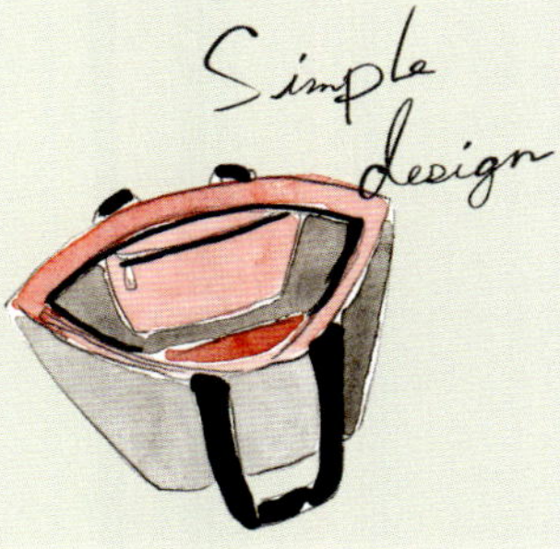

Late 30s

ウエストをひもで締めるタイプのドローストリングスパンツは、ゆったりとしたはき心地で長旅におすすめ。

カジュアルの定番、スリッポンも、最近ではレザーやスエードなど、高級感のある素材のものが増えました。キャンバス地でないものを1足もっておくと便利。

きちんと感はブラウスでオン
バッグを着こなしのアクセントに

旅ファッションは楽チンが一番。でも年齢が上がるほど「楽＝手抜き」になる人が増えます。そんな旅コーデに、かっちり感を演出してくれるのもエルベシャプリエ。トップと底の色を差し色に使って。

Early 30s

ウエストから下にフレアで広がりをもたせたペプラムは、気になる腰まわりをカバーする頼もしいアイテム。

腰まわりにボリュームの出るペプラムトップスには、7〜8分丈のパンツを。下半身をよりすっきり見せます。

大柄トップスを
バッグで品よくまとめる

旅先での写真うつりも考えて、華やかなフラワープリントのブラウスを主役に。大柄を合わせても、エルベシャプリエがシンプル＆ベーシックな形なので、全体として品よくまとまります。

清潔感が出る白のカットソーは大人の女性のマストアイテム。くすんだ顔色を明るく見せるレフ版効果も。

ストレートジーンズはきちんとロールアップしてラフになりすぎないように調整を。

40代なら、ブラックワンピースで品のある旅ファションを

着まわし力の高いブラックワンピースは旅でも活躍。モード色が強いアイテムですが、エルベシャプリエをもてば旅行仕様にシフトできます。気候の変化に対応できるよう、差し色にもなるストールは必須。

バッグに合わせた小物選びでカジュアルすぎない大人旅

ラフに偏りがちな旅ファッションですが、いつもの服装に1〜2カ所、ラフさをプラスくらいにとどめて。エルベシャプリエのもつ上品な雰囲気に合わせてアクセサリーや靴を合わせるとまとまります。

Special contents 3

バッグの中身もクラスアップ！目指せ！バッグ美人

上質でセンスのよいバッグをもつだけで満足せず、バッグをどう使うかにもこだわりを。バッグの中身を整えて、バッグ美人になりましょう。

CASE 1 通勤バッグ ぐちゃぐちゃタイプ

機能性の高いエディターズトートバッグ。たくさん収納できるため、つい適当に詰め込んでしまいがち。特に、中にしきりがないタイプの場合、移動中の揺れであっという間にぐちゃぐちゃに。

カードやレシート類を整理せず放置したままの財布……。大人の女子力ダウンはいうまでもありません。

しきりがないとつい内ポケットに頼りすぎることが。定期やケータイが取り出しにくいだけでなく、見た目も残念な感じに。

ブックカバーをつけず文庫本をイン。ファイルの間にはさまったり、ページが開いてきたりして、気づけば本がボロボロ。

\ CLASS UP! /

小分け収納で整理整とん！

しきりのないバッグの場合、ポーチづかいが肝！　用途別にポーチで分類すると揺れてもぐちゃぐちゃになりません。内ポケットはケータイとカードケースのみにすることで、見た目もすっきり、使いやすいバッグになります。

バッグを開いたときにあまり見られたくないものは布製のポーチに、移動中などサッと取り出して使いたいようなものなら透明のポーチに収納すると分かりやすく整理できます。

財布には現金のみを入れて、カード類はカードケースに収納しましょう。ピンク色をセレクトして、通勤バッグの中にも女性らしさをプラスして。

化粧品類は小さなポーチへ。広告入りのティッシュをバッグにそのまま入れるのは避けて、テッシュケースに入れると○。

文庫本はブックカバーをつけて収納。バンドつきのタイプならページが開いてこないので安心。ビビッドなカラーをセレクトする遊び心で差をつけて。

CASE 2　パーティーバッグ パンパンタイプ

結婚式の2次会やホテルパーティーなどで使う、クラッチバッグやポシェット。ちょっと入れただけでパンパンになってしまうため、本当はもっていきたいのに荷物を減らすこともしばしば。

クラッチバッグに入らないものをショップバッグに入れてもつのは大人の女性としては考えもの。

普段使っている財布が大きすぎてクラッチバッグに入らない！　とはいえサブバッグに財布を入れるのはNG。

クロークにサブバッグを収納したあとに使う臨時財布。現金をそのままバッグに入れたり、その場しのぎ感のするポーチは考えもの。

市販の薬を1シート、そのまま入れるずぼらさん。開いたときに見えるとちょっとはずかしいかも。

ファスナーのついた中サイズのボストン。落ち着いた色味をセレクトすれば服を選ばず使えます。

\ CLASS UP! /
ボストンバッグと2個もちが正解

クラッチバッグと2個もちするならショップバッグやトートバッグは避けて。カジュアルすぎるためクロークがない会場だった場合、テーブルまでもっていくと浮いてしまいます。大人の女性には中サイズのボストンバッグがおすすめ。

普段使っている財布ではなく、パーティーのときだけはクラッチバッグにも入るような小さい財布を使いわけましょう。小銭とお札、カードが少しずつ入るタイプがおすすめです。

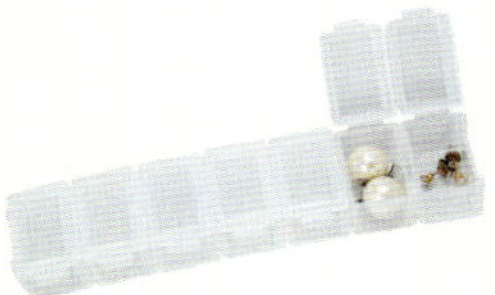

薬はピルケースへ。ピアスなど小さくてなくしてしまいそうなものを収納するのにも便利です。

女性のたしなみとして、鏡とリップはもっておきましょう。口元は化粧崩れしやすいのでマメにチェック！

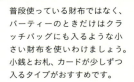

ITEM 04

冬を演出する小物たち

Winter fashion item

カシミアのストールは、暗くなりがりな冬ファッションの差し色として重宝します。きれい色を選んで。

存在感のあるファーは着こなしのアクセントに。首まわりに使うなら、顔が明るく見える、淡い色合いがおすすめ。

編み目が細かいハイゲージのニット帽は、頭にフィットしすぎて顔の面積を強調する恐れも。上品さも兼ね備えたミドルゲージが◎。

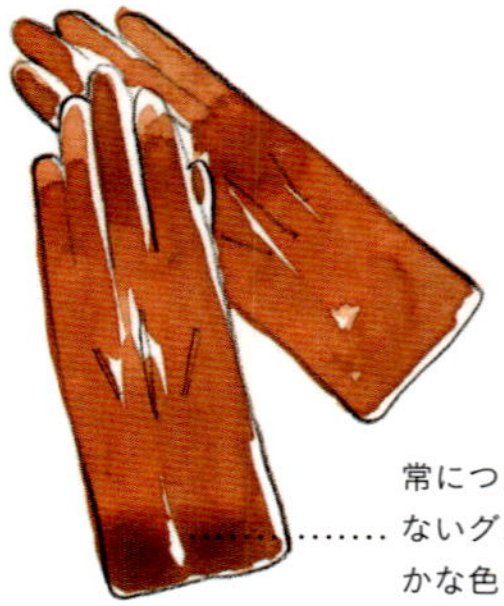

常につけているわけでないグローブは、鮮やかな色を選ぶのもおすすめ。30代からは上品なスエードやレザー素材が素敵。

暖かくてアクセントになる冬素材の小物づかい

ダークカラーでまとめてしまいがちな冬のファッション。アウターを変えないと毎日同じような格好に見えてしまうというコーディネートのマンネリ化も、冬ファッションならではの悩みですよね。

そんな冬にアクセントとして活躍させたいのがストールやマフラー、手袋といった、寒さ対策も兼ね備えた小物たち。10年つき合うためには、扱いやすい素材であること、経年変化が楽しめること、良質で流行のデザインでないことが見極めのポイントです。

きれい色のストールや存在感のあるファー小物などを着こなしに加えて、冬のおしゃれを楽しみましょう。

これからほしい小物選び リアルコーディネート

Early 30s

ニット帽は折り返さないか狭めが○。折り返しを広くしてかぶると子どもっぽく見えます。

暗くなりがちな足元には、白の入ったバイカラーシューズで程よくヌケ感をプラス。

ニット帽で寒さ対策もOK
冬のカジュアルなスカートコーデ

ボーイズライクなブルゾンとレースアップシューズに、鮮やかなブルーのスカートを合わせて女性らしく。20代では浅めにかぶっていたニット帽も、30代からは深めにかぶると「若づくり」になりません。

advice

マダムな雰囲気にならないよう
スパイス的に合わせるのが鉄則！

ファーアイテムはそれ自体にボリューム感があるのでコーディネートするときは引き算することが大切です。トップスはローゲージニットなどモコモコするものは避け、スムースのレザーやシャツ、スウェットなど、フラットな雰囲気のアイテムをシンプルに合わせると◎。コテコテとしたコーディネートは年齢を引き上げ、マダムな雰囲気が漂ってしまう恐れがあるので、ボーダーTシャツにジーンズといったベーシックなコーディネートのスパイスとして合わせてみて。

Late 30s

アシンメトリーなデザインのファーストールは、おしゃれなだけでなく防寒性もばっちり。

カジュアルなカモフラージュ柄は、小物で取り入れると30代にも◎。クラッチバッグでレディライクに。

重たくなりがちな冬ファッションには、軽やかなシフォン素材のプリーツスカートを。女性らしさもアップ。

デザイン性の高いファーを投入して
あったか&おしゃれに

ファーストールは着こなしに加えるだけでおしゃれ度が上がるうれしいアイテム。首元を暖めるので寒さ対策にも効果的です。バッグにはベージュ系と相性のいいブルーを選んで色の組み合わせを楽しんで。

Early 30s

Vネックに沿ってラインの入ったチルデンニットはトラッドながらもクリーンな雰囲気。30代におすすめです。

モノトーンコーデには
ストールできれい色をプラス

発色のよさはカシミアの魅力のひとつ。モノトーンでシンプルにまとめた着こなしに、差し色としてストールを加えるだけでおしゃれ度がアップします。くすみはじめた30代の顔色を明るく見せる効果も。

首元があたたかなのもうれしいタートルニット。首まわりに少し余裕のあるものを選べば、顔を強調しません。

ボリュームのあるタートルニットにスカートを合わせるなら、ややタイトなシルエットのものが◎。

ファーストールを投入して
カジュアルワンピースを格上げ

カジュアルなカットソーワンピースを、ファーストールでシック＆エレガントに。最近ではリアルと見間違えるほどクオリティの高いフェイクファーも多いので、日常づかいに取り入れて。お手入れも簡単です。

きれいめ×ニット帽で
大人のほどよいカジュアルスタイル

30代後半からのニット帽は、カジュアルになりすぎないように、きれいめファッションとの組み合わせがおすすめ。グローブは身につけている時間が短いので、好きなデザインやカラーを選べばアクセントに。

ITEM 05

マニッシュなハット

ハットを選ぶときには、顔＆帽子だけに注目するのではなく、全身を鏡に映してバランスをチェックして。

色は黒、キャメル、グレーが着まわし力が高くておすすめ。

ハットはやや斜めに被るとシャープな雰囲気に。横顔がきれいに見えて、着こなし全体に小粋な印象を加えます。

Manish hat

スタイルアップ効果もある マニッシュなアイテム

外国人より小さめな日本人におすすめしたいのがハット。高さが出るので背が高く見えると同時に、視線を上に集めるので、下半身に自信がなくなってきたら、世代ごとのファッションにぜひ取り入れて。

マニッシュなハットは、リボン部分のデザインで表情が変わります。グレーやキャメルなど柔らかな色ならシンプルなリボンでOKですが、黒のハットを選ぶ場合には、リボンの形がフェミニンなデザインのものもおすすめです。

つばは広すぎないほうがベター。特に小柄な人がつば広ハットをかぶると、逆に頭が大きく見えてしまうこともあるので注意しましょう。

Early 30s

ハットのマニッシュなイメージを女性らしさが漂うパールネックレスで中和。

ゆったりサイズのTシャツは袖をまくると女性らしく着こなせます。こなれ感もアップするおすすめテクニック。

カジュアルなTシャツコーデにハットで上品さをプラス

マニッシュなイメージをもつハットは、カジュアルコーデを格上げしてくれる30代からの心強い味方。ハットと洋服の色を合わせると、30代らしい落ち着いたカジュアルスタイルになります。

これからほしい小物選び リアルコーディネート

advice

メンズライクな印象はフェミニンなヘアスタイルで調整！

ハットは色やリボンの雰囲気にもよりますが、帽子のなかでもメンズライクな印象の強いアイテムです。全体的にフェミニン、上品に着こなしたいなら、ヘアスタイルは女性らしさが出しやすいダウンスタイルがおすすめです。まとめる場合はハットをかぶってから、ややルーズにまとめると素敵。また、ハットの色はトップスの色と合わせると、まとまった印象になります。

Late 30s

ワイドパンツには、コンパクトなサイズ感のジャケットが◎。

きれい色のパンプスは、ベーシックな配色のコーディネートのアクセントとして一役買ってくれます。

コンサバ感をやわらげる
ジャケットと同系色のハット

30代後半になるとベージュジャケット×ネイビーパンツの組み合わせがコンサバすぎる印象に。ジャケットと同系色のハットをかぶることで、おしゃれ度をアップさせましょう。パンプスのパープルを差し色にプラス。

Early 30s

白の面積が多いコーディネートは、黒のバッグで引き締めて。黒×グレーのバイカラーを選ぶと、浮きすぎることもありません。

足元はフラットなパンプスでらくちんきれい。

ライトグレーのハットを合わせて
カットソースタイルをお出かけ仕様に

ニット帽やキャップを合わせるとラフになりすぎるカットソー×ジーンズのリラックスコーデ。30代からはハットを合わせて、カジュアルななかにも品を加えましょう。ライトグレーを選んでより上品に。

40s

Late 30s

パールのロングネックレスは一重で使うと格好いい印象、二重にするとエレガントで少しガーリーな印象に。

ふんわりスカートも黒を選べばフェミニンになりすぎず、シックに着こなせます。

パンツや靴と色を合わせて
ハットをなじませたシックなコーデ

テイストや顔の形を選ぶニット帽やベレー帽とは違い、比較的誰にでも似合うのがハット。パンツや靴と色を合わせることで上品スタイルが完成します。かぶると縦のラインが出るのでスタイルアップ効果も。

スカート以外はオールブラック
モードなハットスタイル

地味かモードになりがちなブラックコーデも、ハットをかぶれば年齢相応のスタイリッシュな印象にチェンジ可能。レオパード柄のバッグや華やかなアクセサリーで、大人の女性らしさを加えましょう。

ITEM 06

スキンジュエリー&コスチュームジュエリー

大ぶりなコスチュームジュエリーもクリアなタイプを選べば、トップスの色を選ばずに合わせることができます。

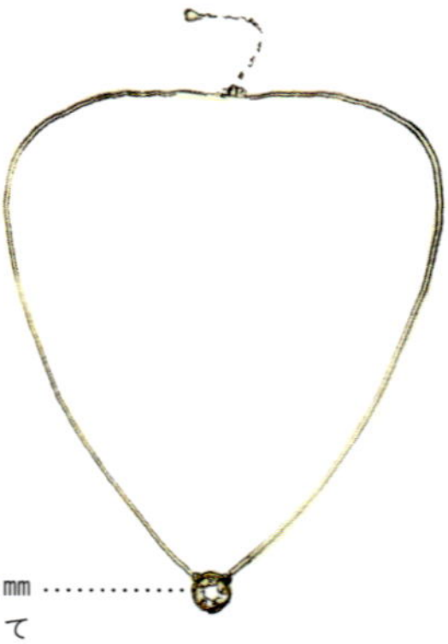

ダイヤは直径3〜5㎜がおすすめ。小さくても本物の輝きが華やかさを添えてくれます。

Skin jewelry & costume jewelry

TPOで使い分けるのが大人の女性の嗜みです

大人がひとつはもっておきたいのが、素肌になじむくらい華奢なチェーンにひと粒ダイヤのついたスキンジュエリー。チェーンが鎖骨に沿って落ちるのでデコルテを美しく見せ、女性らしさをさりげなく演出します。シンプルだから服装を選ばずに毎日つけられるのもうれしい魅力。

一方、デザイン性を重視したコスチュームジュエリーは、存在感があるのでパーティーにもぴったり。シンプルコーデのポイントとしても活躍します。

長くつき合え、幅広い年齢と服装に対応できるふたつの対照的なジュエリー。使い分けて楽しみましょう。

これからほしい小物選び
リアルコーディネート

遊び心のあるバッグでおしゃれ度UP。

メタリックカラーはシルバーなら比較的どんなファッションにも合わせやすいのでおすすめ。

ロックテイストのハズしに
さりげないスキンジュエリー

ロックTシャツ×チュールスカートの着こなしに、大ぶりのアクセサリーはNG！ 本気のロックガールになってしまわないように、スキンジュエリーをさりげなく合わせるのが大人の計算スタイル。

advice

繊細ながら存在感のある石、
チェーンを選んで

スキンジュエリーの魅力はなんといっても肌に沿う繊細なチェーン。女性の華奢な鎖骨を美しく演出してくれます。チェーンはキラッと光るものを選ぶと存在感が増すのでおすすめです。また、30代からはぜひペンダントトップににダイヤモンドが使われているものを。小柄で華奢な人なら小さめの石を、長身の人ならやや大きめの石が複数使われているものでもよいでしょう。

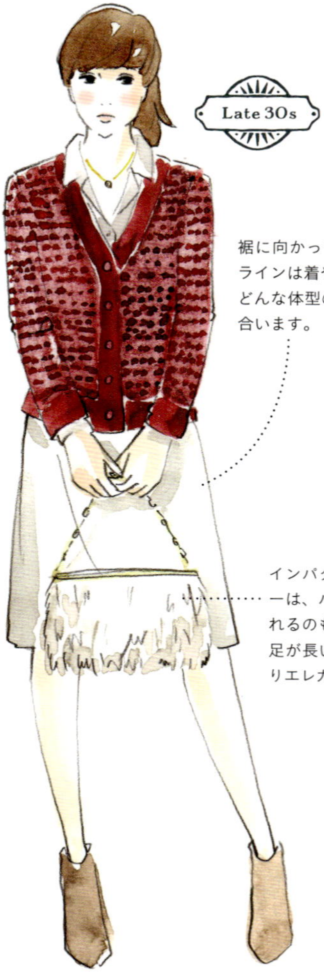
Late 30s
裾に向かって広がるAラインは着やせ効果大。どんな体型の人にも似合います。
インパクトのあるファーは、バッグで取り入れるのもおすすめ。毛足が長いタイプは、よりエレガントな印象に。

年齢に合わせた スキンジュエリーの活用法

30代後半からは、首元のデコルテを美しく見せてくれるスキンジュエリーを味方につけたコーディネートを楽しんで。シャツのボタンを上から1〜2個開けるとVラインが強調されて、ジュエリーが映えます。

Early 30s
クリアなビジューだけでなく、パールのついたタイプもトップスの色を選ばない優秀なジュエリー。
胸元にデザインのないシンプルなトップスはコスチュームジュエリーとの相性抜群。

シンプルコーデには コスチュームジュエリーがマスト

ミニマムなスタイリングと大ぶりなコスチュームジュエリーの相性は抜群。ベーシックアイテムにはアクセサリーをたす。それが「脱・無難」を目指す30代が覚えておきたいファッションの基本ルールです。

40s

Late 30s
ハイゲージニットは体のシルエットを目立たせてしまうので、ミドルゲージを選んで。
膝丈スカートには、ヒールのある靴を合わせてスタイルアップ。

落ち着いたスタイリングに映える アクセサリーの重ねづけ

ロングネックレスなど、ほかのアクセサリーと重ねづけできるのもスキンジュエリーの大きな魅力。シンプルで落ち着いたファッションが似合う40代だからこそ挑戦してほしいテクニックです。

コスチュームジュエリーひとつで シンプルなワンピースが華やかに

1枚ではシンプルすぎるクルーネックのニットワンピースに、コスチュームジュエリーを合わせて華やかに。足元にはパンプスを選んで女性らしくまとめると、カジュアルなパーティーにもOKの装いに。

column 3

ベーシックアイテムに潜む落とし穴

定番アイテムだから長く着られると確信して購入したものの、思わぬところで失敗してしまうこともあります。試着時に陥りがちな２ケースを紹介します。

case 1

ダッフルコート

「ダッフルコートといえばこれ！」というブランド名で確信をもって購入したものの、実際に着てみるとアームが太く、肩が張って見える結果に。パンツに合わせるとまるでロボットのようなかっちり感で動きにくく、徐々にたんすの肥やしに……。

バッグのもち手がかけづらい太いアームが小さなストレスに。実用性がないとやっぱり登場回数は減っていきます。

生地が厚いのでロボットのような不自然な動きになるはめに。

＼教訓／

ブランド名だけで信用せず、動きやすさをチェックする。

case 2

起毛マフラー

お気に入りのハイブランドのセールで、アルパカのマフラーが40％オフ！　きれいな色と上質な素材に「長く使えそう」と購入したものの、実際につけてみたら、黒いコートに毛がたくさんついてしまってびっくり。摩擦や静電気で毛がつきやすい素材もあるので注意が必要です。

黒いコートを脱ぐと、毛がびっしり！ 携帯のエチケットブラシが欠かせない。

アルパカの毛がふわふわ飛んで、満員電車でも気が気じゃない。

＼教訓／

お気に入りブランドのセールは、衝動買いに注意する。

Lesson 4

育てて愛する憧れクロゼット

今は少し背伸びしてセレクトしたものでも
本当にいいものならこの先ずっと使えます。
これから少しずつ手に入れて、
憧れアイテムを育てていきましょう。

これから似合うのは いつ見ても飽きない 心ときめく逸品

デザインも生地も上質なアイテムのなかには、なかなか金額的に手を出しづらいものも。でも必ずあってよかったと思えるので、少しずつ手に入れて、大事に育てていきましょう。

ほしいと思ったら、一生懸命悩んで徹底的にリサーチ！

　年を重ねるごとに、自分の気持ちを高めるという意味でも、ぜひ高級なアイテムに手をのばしていきたいところです。「素敵な靴は素敵な場所に連れていってくれる」といいますが、身につけることで背筋も伸び、いつもはしりごみする高級店でもこなれた振る舞いができたりもします。

　とはいえなかなか金銭的に購入とまではいけないのも現実。「自分には着こなせないかも」なんて心配もあることでしょう。でも、お店で見て、触れて、考えて、これならと納得できたなら、この先5年、10年と長いつき合いになるはず。少しずつそんな心ときめく逸品を増やして、大切にしていきましょう。

育てて愛する憧れクロゼット 3つの方程式

1

定番のハイブランドは ベーシックラインに注目

値段が高ければなんでも長く使えるというわけではありません。もしハイブランドのアイテムを購入するのであれば、ブランドネームだけで決めるのではなく、なぜそのブランドが時代を超えて愛されてきたのかをリサーチしてみましょう。おすすめはベーシックライン。ド定番にこそ、そのブランドの神髄が隠されています。

2

万全の体勢になるまで 気持ちをあたためる

高級品を買うタイミング、それは人それぞれかもしれませんが、勢いで買ったものはたとえ高級であろうといつか飽きてしまう可能性があります。大切に使い、育てていく価値を見出すためにも、まずは本当にそれがほしいのか時間をかけて考えましょう。ほしいから即カードで、ではなくコツコツと貯金をし、その間に気持ちをあたためるのも素敵な時間です。やっと手に入ったという思いが、育てるワードローブの芽となります。

3

洗練されたものに見合う 自分になるための努力を

上質なものは似合わないとあきらめるのではなく、似合うように努力することも大人のおしゃれには必要です。たとえばパンプスなら、はかないとはけなくなるので、はく機会を自分でつくること。爪や髪の毛といった「先端」のお手入れもドレッシーな格好に差が出ます。

ITEM 01

パールのネックレス

一連ネックレスはトレンドに左右されることが少ないので、母親からのお下がりをファーストパールにするのも素敵です。
パールは酸に弱い宝石。汗や皮脂は変色の原因になります。使用後は乾いた柔らかい布で汚れを拭いてから、箱に入れて保管しましょう。
比較することで品質を見分けやすいパール。購入は品ぞろえの多い専門店がおすすめです。

Pearl necklace

ひとつはもちたい 憧れのフォーマルジュエリー

若いころは取り入れることのできなかった上質なものを、背伸びせず身にまとえるようになるのが大人のおしゃれの楽しさ。パールの一連ネックレスはその代表格です。

冠婚葬祭に対応するパールは、カジュアルな着こなしのときにも、その上品な輝きでファッション全体の底上げをしてくれる頼もしいアイテム。顔まわりに白の輝きがあることで、顔色を明るく見せる効果もあります。

初めてのパールネックレスには直径7〜8㎜、40㎝ほどの長さのものが合わせやすくておすすめ。傷つきやすいので、使用後には必ずお手入れして大切に使いましょう。

育てて愛する憧れクロゼット リアルコーディネート

30s

シャツの襟はニットから出して、ネックレスはその下に通すようにするとさりげなく上品にまとまります。

40s

全体が間延びして見えがちなロング丈のニットはネックレスが必須。

デニムのなかでも、40代におすすめなのが清潔感のあるホワイトデニム。ラフすぎるダメージデニムは避けて。

カジュアルコーデのハズしに
顔色を明るく見せるパールを

30代なら、カジュアルスタイルのハズしアイテムとしてのパールづかいがおすすめ。気軽に取り入れることでパールが馴染んでくるようになります。顔色を明るく見せるので、トップスがくすんだ色でも安心。

パールの輝きが映える
淡いトーンのシンプルコーデ

パールネックレスがしっくりなじむ40代。カジュアルコーデにさらっと取り入れて品よくまとめましょう。ロングネックレスとの重ねづけもコーディネートのアクセントになるのでおすすめです。

ITEM 02

膝丈のブラックワンピース

コットンなどナチュラルな雰囲気の素材ではなく、やや光沢のある素材を選べば、フォーマルにもOK！

シルエットは体に沿ってすとんと落ちるストレートラインか、裾に向かってやや広がるAラインが◎。Aラインには下半身を自然にカバーするメリットも。

Black dress

シンプルなデザインを選べば
ずっと着られる1着に

日常づかいにパーティーにと、とにかく着まわし力が高いブラックワンピース。デザインやシルエットも豊富なので体型や趣向に合わせてお好みのものを選ぶのが一番ですが、この先もずっと長く着るという点で考えると、プレーンなデザインのものが1着あると重宝します。

応用が効くのは、1枚で着ても肩が隠れ、ジャケットを羽織っても二の腕部分がもたつかないフレンチスリーブのもの。丈は、日本人女性にバランスのいい膝丈がベスト。年を重ねても品よく着られます。羽織ものや小物で遊べるので、いろいろな着まわしを楽しんで！

育てて愛する憧れクロゼット
リアルコーディネート

甘くなりすぎないように、30代のリボンカチューシャは黒が正解。

30s

存在感のある小物を合わせて
華やかなフォーマル仕様に

30代のブラックワンピースは、様々なハレの日で活躍する頼もしいアイテム。1枚でサラっと着たぶん、ヘアアクセサリーや大ぶりのコスチュームジュエリーなどをたして、自分らしさを加えて。

足元にボリュームの出るファーブーツをはくときは、ベージュ系のハットで上にポイントをもっていきましょう。

40s

カジュアルダウンして普段づかい
黒の引き締め効果も狙えるコーデ

40代の特権は上質アイテムを普段づかいできるようになること。ブラックワンピースにカーディガンを羽織って、カジュアルダウンして楽しみましょう。カーディガンのボタンはとめず、縦のラインを生かして。

ITEM

03

赤いカシミアのカーディガン

素材はカシミア、色は発色のいい赤がおすすめ。独特の光沢としなやかさが高級感を演出します。
手軽に羽織れることもカーディガンの魅力。特に急に冷え込む秋や、寒さの残る春に重宝します。
腰骨丈ならパンツにもスカートにも合わせやすくて便利。

Red cashmere cardigan

派手かな？と思わず
アクセントカラーでトライ！

　年齢とともに、ニットにもデザイン性ではなく質を求めたいところ。チクチクするニットは着心地が悪く、いつしか着なくなります。その点で、カシミヤは肌触りがよく、10年後も安心して使えます。

　カシミヤでおすすめは、赤いカーディガン。丸首を選べばボタンを全部とめてプルオーバー風に着ることができ、ボタンをとめる数でインナーの見える面積を調整できるので、着まわし力抜群です。また、顔色がどんどんくすんでくる年齢に、発色のいい赤は顔まわりを華やかに見せてくれます。着こなしのアクセントとしても活躍する赤で洗練されたおしゃれを楽しんで。

育てて愛する憧れクロゼット リアルコーディネート

30s

黄みの強いレオパート柄を合わせるとコテコテになるので、黄みをおさえたレオパード柄を選んで。

40s

首元にはカーディガンと同系色のチェック柄のストールを巻いてアクセントに。

重心が下がるワイドパンツの足元には、肌がチラッと見えるパンプスを合わせるとヌケ感が出せます。

赤×柄ものがうるさくないのは素材が上質だから

30代なら柄ものと合わせて、赤カーディガンとのバランスを楽しんで。上質なカシミアのカーディガンだから、インパクトのあるレオパード柄を合わせても派手すぎず、落ち着いた印象に仕上がります。

シンプルだけど華やか！40代の赤カーディガンづかい

あたたかみのある赤×ベージュの組み合わせは、40代におすすめの鉄板配色。ベーシックなアイテムでも、地味に見えないのが赤いカーディガンの魅力です。中に着た白いインナーを少し見せて清潔感もプラス。

ITEM 04

大人のためのレディーな靴

メリージェーンは甲部分にストラップがあるので、タイツを合わせるとやや甘い印象に。素足にはいて、セクシーな足元を演出しましょう。
パンツでもスカートでも合わせやすいヴァラ。甲の部分が浅すぎず、深すぎないカットなので、素足はもちろん靴下とのコーディネートもおすすめです。

Feminine shoes for adults

女性らしさをアップする憧れの2大パンプス

大人の女性たるもの、足元にはとことんこだわりたいもの。女度を上げるパンプスの定番といえばフェラガモのヴァラと、マノロブラニクのメリージェーンです。

ヴァラは、トゥ部分にリボンとゴールドの金具が施された3㎝ヒールのパンプス。上品&フェミニンなルックスで世代を問わず愛されています。

一方のメリージェーンは、9㎝の細いヒールが立ち姿を美しく見せる、海外セレブ御用達のパンプス。甲のストラップが足をホールドしてくれるので、高ヒールでも歩きやすいのが魅力です。女性らしさを添えるアイテムとして着こなしに取り入れてみて。

育てて愛する憧れクロゼット
リアルコーディネート

30s

色のあるコスチューム
ジュエリーは、ベーシ
ックファッションのア
クセントに。

40s

黒ジャケットの中には
ボウタイやフリルのつ
いたデザインのトップ
スを。揺れるリボンで
女性らしさを演出して。

靴のもつ印象を生かした
フェミニンなスカートスタイル

30代にはメリージェーンのコケティッシュな雰囲気を生かして、体のラインに沿った膝下丈のタイトスカートを合わせて。9cmヒールのおかげでバランスが悪く見えないのがうれしいポイント。

辛口コーデ×ヴァラの
大人の女性のカジュアルスタイル

黒ジャケットでクールに決めたパンツスタイルは、大人かわいいヴァラでハズすのがおすすめ。フォルムは丸いけれど、ボテっと野暮ったく見えないのが、ハイブランドシューズならではの魅力です。

ITEM 05

大人のためのマニッシュな靴

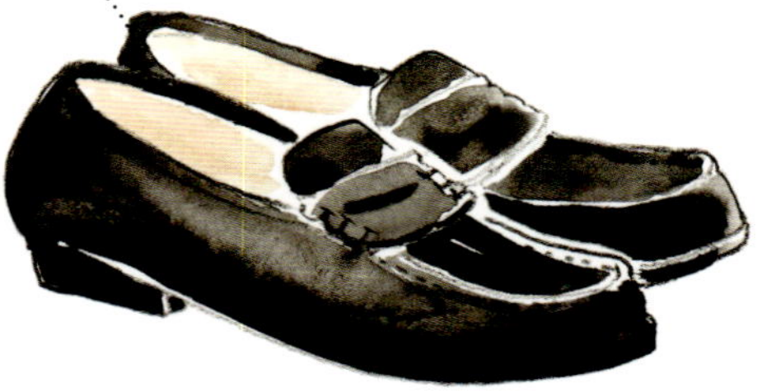

マニッシュな靴は革のかたいものが多いので、足になじむまで靴擦れに苦しむ人も多いよう。くるぶしの下に革があたって痛い場合は、かかとの下に敷く、ジェル状のシートを使いましょう。かかとが少しもち上げられてフィットします。

季節を問わず通年使えることもマニッシュな靴の魅力。いつものコーデをパンプスからマニッシュな靴にチェンジするだけで印象がガラリと変わります。

Manish shoes for adults

フェミニンのハズしに使えるスマートなマニッシュ靴

女性でもかっちりとしたつくりのローファーやレースアップシューズなど、マニッシュな雰囲気のある革靴を取り入れると、甘さが程よくおさえられ大人な印象に。長くつき合いたいなら、レースアップシューズはパランコ、トリッカーズ、ローファーはＪＭウェストン、リーガルあたりがおすすめです。

ただし大人の女性がマニッシュ靴をはくときは、全身をメンズライクなアイテムでかためるのは避けて。

一番手軽な方法は、「スカート×マニッシュ靴」の組み合わせ。マニッシュ靴はあくまでフェミニンコーデのハズしとして使うと心得て。

育てて愛する憧れクロゼット
リアルコーディネート

30s

マニッシュ靴にはフェミニンなアイテムを。毛足の長いモヘアニットは素材自体に甘さがあるのでおすすめ。

ぶら下がりタイプのピアスは、着こなしにフェミニン要素を加えてくれる名脇役。

ニットの裾から白シャツをのぞかせるのが大人のこなれテクニック。

40s

マニッシュな靴を合わせて
ピンクニットの甘さをほどよく調節

フェミニンコーデのハズしとして使いたい、30代のローファー。ピンクのニットやふんわりスカートに合わせることで、甘さをおさえた大人かわいいコーデの完成。

トラッドなパンツルックには
オフタートルで女性らしさをプラス

トラッドなパンツを合わせた通勤スタイルには、レースアップシューズで40代らしい知的な印象をプラス。トップスには首まわりに余裕のあるオフタートルを選んで、女性らしさも忘れないようにしましょう。

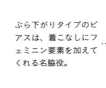

ITEM 06

浴衣

若い人は襟元が必要以上に開いていてもさほど気になりませんが、30代以降は少々下品な印象にうつるので避けて。着くずれも要注意です。

浴衣は洋服でいえばTシャツにジーンズといったカジュアル着にあたります。そのため帯にも着物のような帯締め、帯どめは必要ありません。「半幅帯」と呼ばれる、帯幅が普通の帯の半分のものを合わせるのが基本です。

これから1枚もつなら、伝統的な藍×白の色合わせのものを。素材には「コーマ生地」と呼ばれる、木綿糸で織られたものが丈夫で長く着られます。

着やせ効果も抜群！涼しげな夏の装い

女性を美しく、上品に見せる浴衣は、大人の女性にこそおすすめしたい夏の装い。涼しげな印象を与えるという外見的な魅力はもちろんですが、侮れないのがその体型カバー効果。体にフィットするように曲線でつくられた洋服とは違い、浴衣は直線でつくられているので、体型に自信のない人ほどその直線が生き、きれいに着ることができます。

大人の女性におすすめの色は藍×白。帯には反対色の黄を選ぶとよりすっきり、涼しげに見せることができます。

帯の結びかたや帯締めなどの小物づかいでアレンジを加えながら、凛とした清楚な浴衣美人を目指しましょう。

育てて愛する憧れクロゼット
リアルコーディネート

まとめ髪にはかんざしを。きっちりキメすぎない無造作感が大人の女性の余裕を演出。

30s

40s

シンプルデザインのかごバッグは浴衣との相性もばっちり。

ネイビー×白でキリっとまとめつつ
ヘアスタイルとアクセでかわいく

浴衣はくるぶしがちょっと見えるくらいの丈で着るのが正解。帯は文庫タイプの結びで甘さをプラス。また、帯は実際のウエストよりも位置が高いので脚長効果も狙えます。髪はサイドにまとめてキュートに。

30代のころと同じ浴衣を
帯の結びかたや小物でシックにシフト

帯の結びかたでも浴衣の印象はガラリと変わります。定番の文庫結びは30代まで。40代は粋な角出しや元禄結びなどがおすすめです。バッグや下駄、ヘアアクセなどの小物も色数の少ない、シックなものを選んで。

ITEM 07

小さめフェイスの時計

ベルトは細身のものを。
金属タイプならブレス
レットのような華やか
な雰囲気でハレのシー
ンにも大活躍。

毎日身につけるものだ
から汚れがつきやすい
時計。定期的なメンテ
ナンスが必須です。

Wrist watch

時計＝アクセサリー
これからは華奢なデザインを

腕時計は機能性も備えたアクセサリー。若いときはゴツめのアウトドアウォッチもかわいいのですが、大人が日常づかいするなら細めのベルトに小さめのフェイスがついた女性らしいものがおすすめ。

たとえばカルティエのタンクシリーズ。縦長のフェイスと、手首に沿うように計算された緩やかなカーブが、多くの女性を虜にしている名品です。革ベルトのものならベルトを変えることもできるので、着こなしに合わせて色をチェンジするのも◎。ハイブランドだけがいいとはいいませんが、この先ずっと愛用することを考えるとアフターケアも万全なので安心です。

育てて愛する憧れクロゼット リアルコーディネート

子どもっぽく見えがちな麦わら帽もハットタイプを選べば大丈夫。

30s

40s

バッグと靴の色を合わせて上品に。ネイビーならおしゃれ度アップ！

ブレスレット感覚でさりげなく
カジュアル×腕時計の着こなし

30代ならカジュアルコーデのハズしアイテムとして。ブレスレット感覚でもつけられるのが腕時計の魅力です。メンズライクなカーゴパンツも細身＆7分丈を選べば女性らしく着こなせます。

きちんと感のあるジャケットとも
相性抜群の華奢な腕時計

40代にはかっちりとした黒ベースのテーラードジャケットに、華奢な時計をつけた王道のコーディネートがおすすめ。インにきたロゴTシャツが、かためファッションをほどよくカジュアルダウンします。

ITEM 08

レザーのライダースジャケット

靴とは違って裏地のある革アイテムなので、使ううちにサイズが合ってくる、なんてことはありません。サイズは慎重に選びましょう。

シングルはファスナーをしめると胸元をすっきりと見せられるので、ボトムスにボリュームがあるコーディネートにおすすめです。ダブルは首元にVラインができるので顔をすっきりと見せます。

Rider's jacket

手もちの服と合わせてピリっと辛口要素をプラス

ライダースジャケットは、着こなしにエッジを効かせるスパイス的存在。一見ハードな印象があるので難易度が高そうですが、甘めファッションの引き締め役として、コーディネートがものたりないときのアクセントとして重宝する1着です。

これからワードローブに加えるなら、色は黒のほか、辛口になるのを避けたい場合は、ハードさをやわらげソフトな印象にしてくれるグレーやベージュ、ブラウンがおすすめです。

また、あまりにコンパクトなものは、なにもインできなくなるので必ず試着して選びましょう。

育てて愛する憧れクロゼット
リアルコーディネート

30s

大ぶりのピアスは、ライダースと馴染む、シックな色合いのカラーリングに。

40s

40代がライダースを着るなら足元はパンプスが鉄板。デニムパンツもロールアップして、足首を見せましょう。

レースワンピースの甘さをライダースと小物で調節

フリルのついた、ガーリーなワンピースの甘さを調整するアイテムとして活躍させたい30代のライダースジャケット。カモフラージュ柄のバッグも、甘さをおさえるためにひと役買ってくれます。

ジャケットの風合いを主役にしたこなれ感たっぷりの着こなし

着るうちに風合いの増す、ライダースジャケットを主役にした40代のカジュアルコーデ。ライダースとチェックシャツがメンズライクなので、アクセサリーやパンプスなどの小物はフェミニンにまとめて。

column 4

長く愛するためのデイリーケア＆収納術

お気に入りのアイテムは長く着用するほどに愛着がわき、なんともいえない風合いが生まれます。
長く愛用するために、着用後はきちんとお手入れしてから収納しましょう。

ITEM 01 Hat《ハット》

\ 収納術 /

[Storage tips]

収納する前に陰干しする

水分を含んだまま収納するとカビの原因に。乾いたタオルで内側の水けをふき取り、全体の形を整えましょう。その後、ざるを裏返して帽子をかぶせ、風通しのよい日陰で乾かします。

重ねずに箱に入れて保管するのがベスト

購入時の箱に入れて保存するのがベスト。箱がないものは不織布などに入れ、重ねずに収納します。一度型くずれしてしまうと、元の形に戻すのが難しいので注意して。

\ デイリーケア /

[Daily care]

洋服ブラシで全体をブラッシングする

布製の帽子の場合、洋服ブラシで帽子の頭頂部から下側にブラッシングし、ほこりを取ります。ブラシは一定方向に動かして。繊維をふっくら立ち上げる役割もあります。

肌に触れる部分は水ぶきする

帽子の内側の肌があたる部分は、絞ったタオルで水ぶきします。ファンデーションがついた場合は、食器洗い用の中性洗剤を溶かして歯ブラシにつけ、こすり落とせばOK。

ITEM 02 ニット

Knit

\ デイリーケア /

[Daily care]

洗たく機の脱水は15秒、平干しする

たたんだ状態のまま下から両手でもち、洗たく機に入れます。脱水は15秒ほどで取り出しましょう。直射日光は色あせや縮みの原因になるので、2つ折りしたバスタオルの上にのせて陰干しします。

洗たくする場合は裏返して押し洗い

自宅で洗たくする場合は、ニットを裏返してたたみ、約30℃のぬるま湯に洗濯用中性洗剤を溶かし、20回ほど押し洗いします。その後たたんだ状態で押して水けを切り、ぬるま湯ですすぎます。

毛玉をカットしてブラッシングする

大きい毛玉ははさみでカット。手でちぎると繊維が傷むので注意しましょう。毛玉取りブラシで上から下に一定方向にブラッシングして細かな毛玉を取り、毛足を整えます。

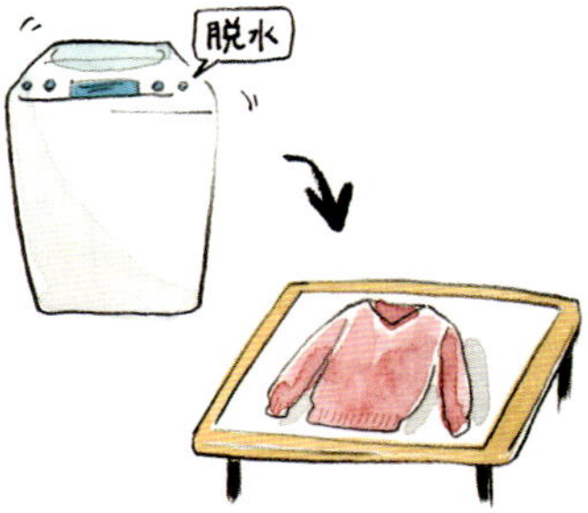

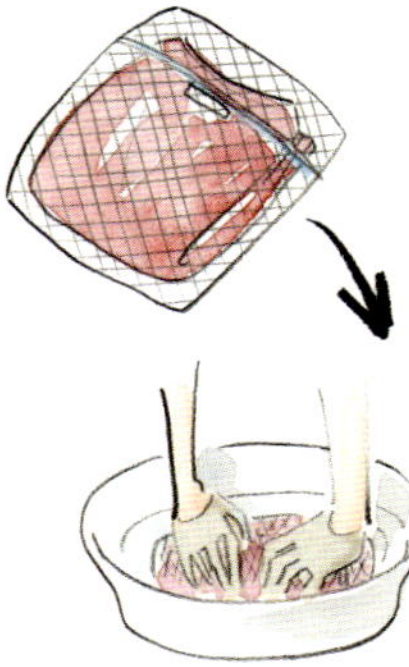

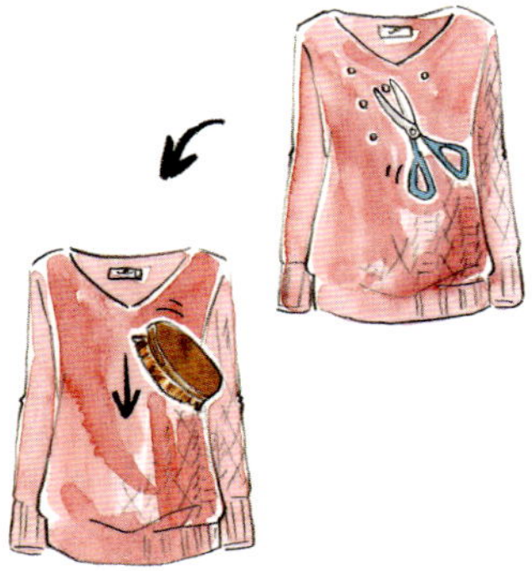

\ 収納術 /

[Storage tips]

良質なニットの収納は防虫剤がマスト！

ウールやカシミヤといった良質な動物性の繊維は害虫の大好物。衣替えの際の収納は、防虫剤を必ず入れましょう。また汗や皮脂がついている状態での収納も虫食いの原因になるので、必ず洗濯してから収納してください。

ITEM 03

Sneakers & leather shoes

スニーカー&革靴

＼収納術／

[Storage tips]

左右ずらしてスペースを確保する

そろえて収納するとスペースを取るし、便利グッズで上下に収納すると取り出しにくい……という場合は、左右の靴を少しずらし、くぼみに沿わせて斜めにそろえるとスペースが確保できます。

靴箱の扉はときどき開けて換気する

靴箱の扉はときどき開けたままにして、換気をしましょう。湿気を防ぎ、においとカビの予防になります。脱臭剤として木炭や乾燥させたコーヒーのかすを置いてもOKです。

＼デイリーケア／

[Daily care]

防水スプレーで汚れを防止する

汚れが目地につまるので、普段用とおしゃれ用に分けるのがおすすめ。はく前に防水スプレーをかけておくと汚れ防止になります。ラバー部分は消しゴムで汚れを消しても。

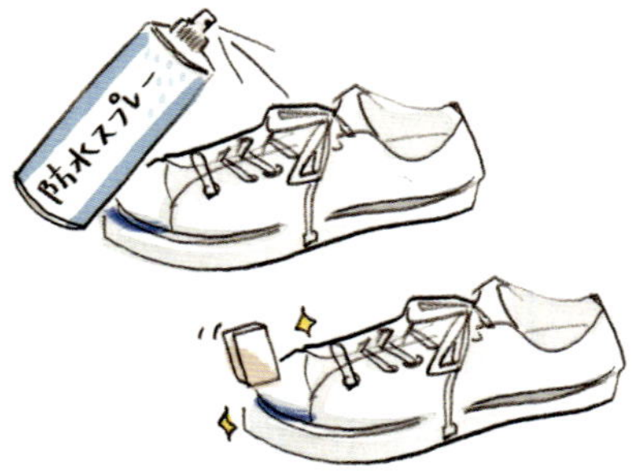

革靴はマメにはくことがケアに

革靴ははいた後に乾いた布で汚れをふき、つやがなくなったら靴クリームで磨きます。内側は水ぶきしてからからぶきを。革ははかないとかたくなるため、1～2週間に1度ははきましょう。

大人のおしゃれにはクロゼットの整理整頓が必須項目！

新しく服を収納できる余裕がないくらいクロゼットの中がぎゅうぎゅうだったり、なかなかお目当てのものが見つけられないくらいぐちゃぐちゃなんて人はいませんか。きちんとクロゼットを整理すると、今買いたす必要があるのかわかりやすくなるだけでなく、パパッとコーディネートを決められるようになります。整理整頓のポイントをチェックしてみてください。

両開きのクロゼットなら、中心部分にシーズンものを、目につきにくい左右にシーズンオフのものを、アイテム別に整理してかけておきます。

ナイロン製のバッグややわらかい革のバッグなど、折りじわがつきにくいバッグなら、折りたたんで収納したほうが省スペース。下から上に積み重ねず、縦に収納すると選びやすくなります。

新しいアイテムが収納できるスペースは確保して。服がつぶれるくらいたくさんつるすのはしわやにおいの原因にもなります。いっぱいになってきたら、いるものいらないものを整理する時期かもしれません。

SUPPORT

SOLO & DOUBLE
http://solo-w.com/
〒151-0051
東京都渋谷区千駄ヶ谷3-17-4井出ビル1F
TEL：03-5770-3347（株式会社イクヌーザ）

MICHEL KLEIN
http://www.michelklein.jp/
〒151-0051 東京都渋谷区千駄ヶ谷3-1-1
TEL：03-3478-8088（イトキンカスタマーサービス）

HAIGHT & ASHBURY
（p.8 パンプス、p.33 右上パンプス、p.68 パンプス・グローブ・スカーフ、p.69 スカーフ、p.91 クラッチバッグ）
http://haightandashbury.com/
〒155-0031 東京都世田谷区北沢2-37-2-2F
TEL：03-5453-4690

10年《ねん》つきあいたい
大人《おとな》ワードローブ&コーディネート

2015年5月31日　第1刷発行

監修者　渋谷有紀《しぶやゆうき》
発行者　中村　誠
ＤＴＰ　株式会社明昌堂
印刷所　玉井美術印刷株式会社
製本所　大口製本印刷株式会社
発行所　株式会社日本文芸社
〒101-8407
東京都千代田区神田神保町1-7
03-3294-8931（営業）
03-3294-8920（編集）

Printed in Japan　112150501-112150501Ⓝ01
ISBN978-4-537-21276-1
http://www.nihonbungeisha.co.jp/
© Nihonbungeisha 2015
乱丁・落丁本などの不良品がありましたら、小社製作部宛にお送りください。送料小社負担にておとりかえいたします。法律で認められた場合を除いて、本書からの複写・転載（電子化を含む）は禁じられています。また、代行業者等の第三者による電子データ化及び電子書籍化は、いかなる場合も認められていません。（編集担当：角田）

YUKI SHIBUYA

監修者プロフィール
渋谷有紀

パーソナルスタイリストサービス「cagibi」主宰。アクセサリーブランド「MARCH」プロデューサー。女子美術短期大学服飾科、同大学専攻科を卒業後、アパレル販売、広告営業を経て、現在パーソナルスタイリストとして、20代後半〜30代・40代の働く女性、ワーキングマザー、会社経営者、フリーランサー、主婦など、個人一般を対象に、ファッションに関するアドバイス、スタイリングを行う。また2013年春〜2014年にかけて、NHKBSプレミアム「女神ビジュアル」のスタイリング監修・出演の実績をもつ。

cagibiホームページ
http://cagibi.biz/

渋谷有紀ブログ
「スタイルのない人生なんてクズよ！」
http://blog.livedoor.jp/nicestyle/

STAFF

装丁・本文デザイン ▸ いわながさとこ
イラスト ▸ 寺澤ゆりえ
原稿 ▸ 舟川直美（ロビタ社）、宗円明子
写真 ▸ 天野憲仁（日本文芸社）、高橋かずえ（p.2-p.3下段/はぐくむコンテンツ）
スタイリング ▸ 渋谷有紀
編集・制作 ▸ 三好史夏（ロビタ社）